HUNANGOFIANT
DYN POSITIF

*Er cof am Mam, Dad a Mark
gyda chariad*

HUNANGOFIANT DYN POSITIF

BYWYD A GWAITH
Wayne Howard

Diolch o galon i 'nghydawdur Jon Gower,
a'i rieni, am eu harweiniad a'u cefnogaeth;
i Mam, Dad a Mark am eu hysbrydoliaeth;
ac i Cedron Sion am ei holl waith fel golygydd y gyfrol.

Argraffiad cyntaf: 2024
© Hawlfraint Wayne Howard a'r Lolfa Cyf., 2024

Mae hawlfraint ar gynnwys y llyfr hwn ac mae'n anghyfreithlon
llungopïo neu atgynhyrchu unrhyw ran ohono trwy unrhyw
ddull ac at unrhyw bwrpas (ar wahân i adolygu) heb gytundeb
ysgrifenedig y cyhoeddwyr ymlaen llaw

Dymuna'r cyhoeddwyr gydnabod cymorth ariannol
Cyngor Llyfrau Cymru

Llun y clawr blaen: Cwmni Da
Llun y clawr cefn: Koos Raucamp
Cynllun y clawr: Sion Ilar

Rhif Llyfr Rhyngwladol: 978 1 80099 629 8

Cyhoeddwyd, rhwymwyd ac argraffwyd yng Nghymru gan
Y Lolfa Cyf., Talybont, Ceredigion SY24 5HE
gwefan www.ylolfa.com
e-bost ylolfa@ylolfa.com
ffôn 01970 832 304

Rhagair: Geiriau o Ddiolch Dw i'n eu Hadrodd Bob Dydd

PAN DW I'N codi yn y bore – bob dydd o'r wythnos, bob wythnos o'r flwyddyn – dw i'n adrodd y geiriau hyn; rhyw fath o fantra sy'n cynnig diolch diffuant am bopeth. Am bopeth. Maen nhw'n eiriau positif i ddechrau'r dydd. *"Affirmation"* dw i'n ei alw fe.

'O ysbryd mawr, o fydysawd mawr, diolch, diolch, diolch am ddiwrnod arall o fywyd gogoneddus.

O ysbryd mawr, o fydysawd mawr, gofynnaf am gymorth er mwyn i mi fod y fersiwn orau bosib ohonof i fy hun.

Rhowch imi gymorth i wireddu fy mhotensial ac i fod yn fod dynol tosturiol, caredig a chariadus – un sy ddim yn sur nac yn surbwch yn ei henaint.

O ysbryd mawr, o fydysawd mawr, rhowch gymorth i mi fod yn ddarostyngedig wrth gyrraedd y foment pan dw i'n marw – heb ofn na dicter, chwerwedd na rhwystredigaeth. Diolch, diolch, diolch.

O ysbryd mawr, o fydysawd mawr, rhowch imi gymorth i anfon cariad at bob cyfaill byw.

O ysbryd mawr, o fydysawd mawr, rhowch imi gymorth i barhau i ysbrydoli eraill ac i gael effaith bositif ar eu bywydau.

Diolch, diolch, diolch, diolch, diolch.'

Fe ges i f'ysbrydoli i 'sgrifennu fy hanes ar ôl darllen *The Secret* gan Rhonda Byrne, a gafodd ei gyhoeddi yn 2007 a'i gyfieithu i dros 50 o ieithoedd – gan werthu yn y miliynau. Mae'r gyfrol yn awgrymu i ni fod yn ddiolchgar am bopeth 'chi'n ei gael, boed fawr neu fach.

Pan dw i'n adrodd y geiriau, dw i'n siarad gyda chreawdwr pob peth: *"The divine energy, the divine essence."*

Bob hyn a hyn, bob nawr ac yn y man, dw i'n medru synhwyro presenoldeb rhywbeth – sy'n gwneud imi grio. Dw i hyd yn oed wedi teimlo rhywbeth o'r tu allan yn mynd i mewn i 'nghorff. Egni! Weithiau dw i ddim yn medru ei reoli fe, a'r unig beth dw i'n medru gwneud yw cael cysylltiad â'r ddaear – sy'n help i'n sefydlu i. Mae'n debyg i drydan yn hynny o beth; cysylltu'r egni â'r ddaear.

Wythnos diwethaf ro'n i'n digwydd gorwedd ar y gwely ac fe ddechreuais i grio, oherwydd sylweddolais i pa mor ffodus o'n i. Ro'n i'n meddwl wrtha fi'n hun, "Wayne, ma' gen ti do uwch dy ben, ti'n cael bwyd bob dydd, ti'n gallu mynd ar wylie..." Felly, dw i ddim yn cymryd pethau'n ganiataol; dw i wastad yn teimlo mor, mor ddiolchgar.

Mae Elinor, fy merch yn ymwybodol o hyn:

'Wythnos yn ôl, ro'n i yn y pyb ac o'dd Dad wedi dod i ymuno 'da fi am ddrinc; ac fe ofynnodd mam un o fy ffrindiau – fel mae hi wastad yn gofyn – i Wayne adrodd yr *affirmation* y bydd e'n 'i adrodd bob bore. Felly cododd ar ei draed o flaen pawb ac adrodd y geiriau 'ma o ddiolch. O'n i ddim yn gwybod ei fod e'n gwneud hynny bob dydd. Mae'n rhes hir o eiriau.

Mae'n rhoi dewis i chi, i ddechrau'r dydd yn bositif neu'n negyddol. Ambell waith bydd bywyd yn eich rhwystro, yn ceisio eich sbinio i gyfeiriad negyddol – ond os gallwch chi ddechrau'ch diwrnod yn bositif, mae'n ddechrau da. Dyna beth mae Dad yn 'i wneud.'

Wayne y Tad

I mi mae bod yn dad yn gyfrifoldeb mawr, rydych chi'n esiampl i'ch plant. Dw i wedi rhoi rhodd y Gymraeg i 'mhlant, wedi sicrhau addysg dda, a bob amser wedi ceisio eu hysbrydoli a bod yn gefn iddyn nhw.

Pan oedd y plant yn fach byddwn i'n arfer gofyn iddyn nhw roi sgôr allan o ddeg i mi fel tad. Fel arfer byddwn yn cael naw, gan fod fy mhlant yn dweud bod lle i wella bob amser. Ar yr wyneb roedd yn gêm iddyn nhw, ond i mi roedd yn bwysig iawn.

Mae fy merch Elinor yn credu 'mod i wedi gwneud jobyn da ar fod yn dad: 'Dw i'n credu ei fod e wastad wedi bod yn ymwybodol o'r job mae e'n 'wneud fel tad, gan obeithio ei fod yn gwneud jobyn da. Dw i'n 'i gofio fe'n dweud fwy nag unwaith nad oedd e wedi'n cael ni'r plant pan oedd yn ifanc, oherwydd nad oedd e'n barod, bryd hynny, i fod yn dad. Petase fe wedi'n cael ni pan oedd e'n ifancach, bydde fe wedi bod yn dad gwael yn y bôn. Mae e wedi bod yn dad da. Allwn i ddim dymuno cael un gwell, ym mhob ffordd. Mae'n fodlon dangos ei emosiwn, ac wastad yn fodlon dangos ei fod yn ein caru ni. 'Dyw e ddim wedi cael bywyd hawdd o bell ffordd.

Mae Dad yn fodlon cyfaddef iddo fod yn dipyn o lond llaw pan o'dd e'n ifanc; roedd rhaid i Mam roi lan â lot er mwyn byw gyda fe. O'dd e'n 26 mlwydd oed a hithe'n ddeunaw, ac roedd e'n yfed. Dw i'n 'i gofio fe'n dweud unwaith ei fod e wedi taflu ei ddwrn drwy ffenest siop un tro, ar noson mas gyda Mam. O'dd 'da fe 'chydig o dymer bryd hynny.

'Dyw e ddim fel pobl eraill, mae e'n *out there*. Dw i ddim yn siŵr pryd taflwyd y switsh – yr un a wnaeth iddo feddwl, "Dw i ddim yn becso dam beth mae pobl eraill yn ei feddwl; dw i'n mynd i fyw 'mywyd yn y ffordd dw i eisie." Os oes 'na wers i'w chael, wel dyna fe. Rhaid i chi fyw'r bywyd ry'ch chi eisie ei fyw. Ni fydd unrhyw beth yn ei rwystro fe rhag gwneud.

Dw i'n berson artistig – yn sgetsio, yn arlunio, yn gwneud ychydig o actio, a dw i'n cael hynny gan Dad. Pan dw i'n paentio dw i'n defnyddio lliwiau byw a llachar; ac os y'ch chi'n edrych ar y ffordd mae Dad yn gwisgo, wel mae'n amhosib peidio â'i weld wrth iddo gerdded lawr y stryd. Mae'n lliwgar iawn ac *out there*. Ma hynny'n dangos sut berson yw e.

Mi wnaeth Dad benderfynu anfon Connagh a finnau i ysgol Gymraeg, a dw i'n falch ei fod wedi gwneud. Oherwydd hynny dw i wedi cael sawl cyfle da mewn bywyd. Wnes i sioe deledu gwpwl o flynyddoedd yn ôl, ychydig wedi pandemig COVID. Enw'r rhaglen oedd *The Great House Giveaway*; bydden nhw'n rhoi partner i chi – rhywun nad ydych chi wedi cwrdd ag e o'r blaen – a bydde 'da chi chwe mis i baratoi'r tŷ. Fyddwn i ddim wedi cael y job 'na oni bai am y ffaith 'mod i'n siarad Cymraeg.

Dw i wedi cael profiad o addysg yn y ddwy iaith. Wnes i adael 'rysgol yn 16 mlwydd oed ac mi es i'r coleg. Felly, roedd yr addysg yn yr ysgol gynradd ac yn yr ysgol uwchradd yn Gymraeg; ac wedyn es i i'r coleg am ddwy flynedd, a derbyn addysg yno yn Saesneg. Ar y pryd ro'n i'n ystyried gyrfa fel bydwraig ac ro'n i'n meddwl bod angen i mi gael addysg yn Saesneg, oherwydd byddai peth o'r derminoleg yn estron i mi yn Gymraeg. O'n i'n dwlu ar gael addysg drwy gyfrwng y Gymraeg yn yr ysgol: yr arholiadau yn yr iaith, siarad gyda fy ffrindiau yn Gymraeg. Ond, o ran astudio yn y coleg, doedd 'na ddim lot o opsiynau felly dyna pam wnes i ddewis cwrs drwy gyfrwng y Saesneg.

Dw i'n dal i siarad Cymraeg gyda Dad; dim bob tro, ond

mae e'n strict iawn – os bydd e'n siarad Cymraeg 'da fi, mae'n rhaid i mi siarad Cymraeg 'da fe. Mae hyn wedi caniatáu i mi gadw'r iaith – mae hynny'n bendant yn wir. Dw i'n gweld Dad dair neu bedair gwaith yr wythnos. Bydd e'n ffonio a dweud ei fod yn coginio bwyd a 'ngwahodd i draw. Ers iddo ymddeol mae'n 'itha mwynhau bod yn y gegin. Er, 'dyw e ddim yn coginio bwyd o'r Caribî; dw i ddim yn gwybod pam.

Dw i'n Gymraes, er i fi gael fy magu – yn enwedig yn nhŷ "Nan a Gramps" – ar lot fawr o storïau am fywyd "Grampy" yn Jamaica. Cymraes o'dd Nan, er bod ei mam yn dod o Senegal.

Dw i wedi olrhain fy hanes drwy DNA. Mae'n rhyfedd gweld o ble ry'ch chi'n dod. Wrth gwrs, po fwyaf y nifer o bobl sy'n bwydo eu gwybodaeth i'r system, po fwyaf cywir y canlyniadau.

Roedd canlyniadau Mam yn eithaf rhyfedd oherwydd roedd ganddi hi ganran o'r Dwyrain Canol yn ei hun hi. Dw i dri deg y cant o Gymru, yr Alban ac Iwerddon – yn benodol o ardaloedd Cork, Kerry a Limerick; pymtheg y cant o Nigeria; pymtheg y cant o Sgandinafia. Roedd Mam Nan yn cysylltu gyda Sgandinafia; pedwar y cant o Groeg a'r Eidal; pedwar y cant o Ddwyrain Ewrop; deuddeg y cant o Affrica, sef 2.3% Kenya a 2% Somali. Dw i'n gymysgedd llwyr, rhyw fath o *melting pot*. Dw i 'rioed wedi bod yn Jamaica, er 'mod i'n gobeithio ymweld â'r ynys rhyw ddydd. Byddwn i'n dwlu mynd 'na.

Dw i ddim yn siarad Cymraeg rhyw lawer gyda fy ffrindiau, sy'n siomedig braidd, felly Dad yw'r unig un sy wedi cynnal ein harfer o siarad Cymraeg. Mae ieithoedd yn chwarae rhan fawr yn ei fywyd – fel hobi iddo. Mae e wastad yn ceisio gwella ei hun o ran ieithoedd.

Rhai o fy hoff atgofion am Dad yw *monkey fighting*, lle byddai Connagh a minnau yn ymladd gyda Dad pan o'n ni'n blant bach, gan rolio o gwmpas y llawr. Roedd e hefyd yn dysgu symudiadau *kung fu* i ni – a hynny pan o'n i ond pedair neu bump. Roedd e wastad yn chwareus. Mae e'n dal i fod felly; hyd yn oed yn saith deg mlwydd oed, mae ganddo feddwl rhywun sy yn ei arddegau. *Big kid* yw e'... ac os y'ch chi'n meddwl am rywun sy'n saith deg – y stereoteip o rywun yr oedran 'ny – wel mae Dad yn gwbwl wahanol!

Pan oedd e'n gweithio yn y gwaith dur, fe gollodd mas ar lot o fywyd teuluol oherwydd 'i fod e wedi blino gymaint. Bydden ni'n dod 'nôl o'r ysgol yn dymuno treulio amser gyda Dad, ond bydde fe'n cysgu – wedi bod lan drwy'r nos ar shifft nos. Bryd hynny doedden ni ddim yn credu bod gennym ni fawr o dad, ac roedd 'na densiwn yn y tŷ. O'dd e'n ddyn gwahanol bryd 'ny. Ond da yw'r atgofion sy gen i o'r cyfnod 'na, nid drwg. Ces i blentyndod hapus; yn chwarae gyda Dad ac yn mynd ar dripiau – i *Disneyland* ac yn y blaen. Bydden ni'n mynd ar wyliau i garafán yn aml hefyd; wastad mas yn gwneud rhywbeth.

Dw i'n debyg i Mam; yn medru bod yn *bossy* iawn ac yn annibynnol iawn oherwydd ei dylanwad hi. Ond dw i hefyd yn *laid-back* iawn; rhywbeth dw i'n ei gael gan Dad, yn sicr.

Mae gan Dad egni arbennig, ac mae'n hynod hoff o chwaraeon. O'n i'n debyg iddo fe; yn chwarae pêl-rwyd yn yr ysgol, ac i dîm y tu allan i'r ysgol hefyd pan o'n i'n 16, rygbi tag ac o'n i'n dwlu ar nofio. Mae Connagh yn mwynhau chwaraeon yn fwy na fi'r dyddiau 'ma, ond pan o'n i'n iau o'n i'n gystadleuol iawn – fel Dad a Mam.

Tyfodd e lan gyda theulu du mewn ardal o deuluoedd gwyn, ac roedd fy magwraeth innau'n debyg iawn. Petaech chi'n gwneud rhestr o'r holl bethau mae e wedi llwyddo i'w cyflawni, byddai'n gwbl anhygoel. Dw i'n credu ei fod e'n gwybod ei fod e wedi cyflawni lot, ond dw i ddim yn siŵr a yw e'n gwybod faint yn union; graddfa'r peth – y ffordd mae e wedi helpu pobl drwy adrodd ei stori ef ei hun.

Mae teitl y llyfr hwn yn crisialu Dad. Mae'n codi yn y bore ac mae ynni'n llifo oddi wrtho fe. Mae fy ffrindiau'n dweud drwy'r amser eu bod nhw'n methu credu pa mor bositif yw Dad. Dy'ch chi ddim yn gweld rhywbeth felly'n aml.'

Dw i'n hapus bod pobl yn fy ngweld i fel person positif. Dw i'n berson emosiynol a sensitif hefyd. Dw i'n credu taw'r hyn a roddodd yr ysbrydoliaeth i fi i 'sgrifennu'r *"affirmation"* uchod oedd y sylweddoliad taw iselder ysbryd sy wedi creu'r person yr ydw i nawr. Es i drwy amser ofnadwy. Ond roedd opsiwn 'da fi on'd oedd? Rhoi'r gorau iddi neu sefyll lan yn syth... Felly penderfynais i sefyll lan – yn syth. Roedd yn bwysig i fi edrych am ffordd i ymdopi gyda'r problemau o'n i wedi'u cael yn y gorffennol; deall sut i oroesi neu reoli'r meddyliau negyddol yn fy mhen.

Dw i'n credu bod darllen llyfrau gwahanol wedi fy helpu i i deimlo'n fwy positif. Felly roedd sgrifennu'r *'affirmation'* yn bwysig, ac hefyd roedd yn bwysig 'mod i'n ei adrodd e bob dydd. Dyma beth yw *'positive reinforcement'*, fel maen nhw'n 'i ddweud yn Saesneg. Oherwydd os y'ch chi'n meddwl am bethau negyddol bob dydd, dyna fydd eich hagwedd am weddill y dydd, ac yn wir, drwy gydol eich bywyd. Ond, ar y llaw arall, os y'ch chi'n dechrau meddwl am y pethau positif bob dydd – ac yn eu hatgyfnerthu nhw yn ddyddiol – bydd yn newid y ffordd 'chi'n meddwl. Mae hyn wedi cael effaith arbennig o dda arna' i; gwneud i mi deimlo'n fwy positif.

Ambell waith, yn enwedig wrth i fi ddawnsio yn

biodanza – gewch chi wybod mwy am hynny yn nes ymlaen – bydd pobl yn dweud, 'Wayne, mae gen ti egni arbennig.' Os y'ch chi'n berson hyderus ac yn bositif, mae fel effaith fferomonau – y cemegau hynny nad yw pobl yn medru 'u gweld, ond sy'n cael effaith bositif ar bobl eraill. Os y'ch chi'n mynd mas 'da phobl negyddol, yn y pen draw, byddwch chi'n negyddol. Ond, os y'ch chi'n bositif fel fi, mae'n creu egni mae pobl yn medru 'i synhwyro a'i deimlo hyd yn oed.

Mae positifrwydd yn dod o lefydd annisgwyl weithiau... Un diwrnod, daeth dyn at y tŷ yn gwisgo helmed fotobeic a gwisg ledr ddu. Pan dynnodd yr helmed, mi welwn i taw 'mrawd Mark oedd e. Pan gododd e'r *visor*, sylwais i fod ei lygaid yn felyn; roedd yn dioddef o anemia cryman-gell *(sickle cell)* ar y pryd. Wna' i fyth anghofio beth ddywedodd e wrtha i: *"Brother, you are much better than you think you are."* Dyma neges bositif sy wedi aros yn y cof, wedi'i phlannu'n ddwfn ynof fi.

Shirley Howard: Arwres Bae Teigr

GANWYD MAM AR 22ain Awst yn 1936, yn ysbyty Dewi Sant yn Nhreganna, Caerdydd; gan dyfu lan ar Stryd Crichton yn ardal dociau'r ddinas. Wedyn, fe aeth hi i Ysgol Uwchradd yr Arglwyddes Fair.

Priododd hi â 'nhad, Neville yn Swyddfa Gofrestru Caerdydd pan oedd hi'n 17 mlwydd oed a 'nhad yn 26 mlwydd oed.

Treuliodd y rhan fwyaf o'i bywyd gwaith yn y diwydiant arlwyo – *SnakPak*, *Littlewoods*, becws *Mother's Pride* – ac yn ffatri sigâr *Freeman's*. Gweithiai yn ffatri *Freeman's* pan oedd hi'n ifanc. Yn y cyfnod hwn roedd y ffatri ar Heol Penarth. Roedd yn lle arbennig; ffatri a gafodd ei hagor yn 1961, a arferai gynhyrchu sigârs fel *Harlequins*, *Cavaliers* a *Panatelas*, ac yn olaf *Hamlets* yn 1962.

Roedd menywod o Gaerdydd a'r ardal ehangach yn gweithio yn *Freeman's*, gyda bws yn cludo gweithwyr i lawr o'r cymoedd – llefydd fel Caerffili. Byddai'r diwrnod gwaith yn dechrau am hanner awr wedi saith ac yn gorffen am bump, gydag awr yn rhydd i ginio. Byddai aroglau'r tybaco yn glynu wrth ddillad y menywod oedd yn torri'r tybaco i wneud y sigârs – y *King 60s* a'r *Indian Sticks* – cyn eu pacio i focsys lliw arian. Roedd y gwaith yn beryglus, a gallai rhywun golli bys neu hyd yn oed fysedd yn hawdd. Ar un adeg roedd y lle yn cynhyrchu dim llai na 2-5 miliwn o sigârs mewn blwyddyn. Byddai Mam yn arfer gwneud sigârs yno gan ddefnyddio peiriant. Gweithiodd hi hefyd yng nghantîn Bwrdd Trydan De Cymru.

Dw i'n cofio'r bwyd y byddai Mam yn 'i wneud i ni, pethau fel *spotted dick*, bara cartref, pys reis gyda nionyn a chig moch, cawl gwddf cig oen, cacennau pysgod cartref, jeli, cyrens duon gyda llaeth *Ideal* a cheirios du.

Byddai Mam yn arfer canu o gwmpas y tŷ – pethau fel *'The Continental'*, a gâi ei pherfformio gan Maureen McGovern, ymhlith eraill; *'Misty'*, sef un o glasuron y byd jas yr oedd Sarah Vaughan yn arfer 'i chanu; a hefyd *'Honey'* neu *'Honey (I Miss You)'*. Sgrifennwyd hon gan Bobby Russell a wnaeth ei chynhyrchu am y tro cyntaf gyda chyn-aelod o'r *Kingston Trio*, sef Bob Shane. Cafodd ei rhoi i'r canwr o America, Bobby Goldsboro a wnaeth ei chynnwys ar ei albym, o'r un enw, a ryddhawyd yn 1968. Aeth y gân i frig y siartiau mewn sawl gwlad – cân sy'n hiraethu am fenyw sy wedi marw; a'r canwr yn edrych ar goeden yn yr ardd, gan gofio sut mai ond brigyn bach oedd hi ar y diwrnod y bu iddyn nhw gwrdd.

Mae un stori yn adrodd cyfrolau am Mam. Yn 1958 ro'n i, fy mrawd hynaf Gary, a'i ffrind gorau Luigi, yn chwarae ger y gamlas yn Noc Gorllewin Caerdydd. Yn sydyn llithrodd Luigi, gan ddisgyn i'r dŵr. Llenwodd ei esgidiau glaw yn sydyn, ac aeth o dan y wyneb; roedd e'n boddi. Ro'n i a Gary wedi'n fferru gan ofn; doedden ni ddim yn gwybod beth i'w wneud. Yn y diwedd, penderfynodd Gary redeg adre i ddweud wrth Mam. Heb oedi, rhedodd Mam mor gyflym ag y gallai hi nes cyrraedd y gamlas. Pan welodd hi gysgod Luigi dan y wyneb neidiodd yn syth i mewn i'r dŵr oer, budr. Llusgodd hi Luigi at wal y gamlas lle roedd plismon yno i helpu'r ddau allan o'r dŵr.

Rai wythnosau'n ddiweddarach, a hithau bellach yn ddwy ar hugain oed, rhoddodd Mam enedigaeth bythefnos yn hwyr i fy chwaer Linda; roedd hi'n saith pwys, un owns ar ddeg.

Yn y cyfnod hwn roedd ein teulu ni – teulu Howard – yn byw mewn tŷ oedd wedi'i gondemnio'n swyddogol; lle nad oedd yn ffit i bobl fyw ynddo. Roedd yr amodau byw yn ofnadwy, achos ro'n ni'n byw mewn dwy stafell yn yr atig. Roedd pobl Trebiwt yn grac iawn o ddod i wybod am hyn, a Mam wedi achub bywyd mab ei chymydog. Felly, penderfynon nhw arwyddo deiseb a'i chyflwyno i Neuadd y Sir. Rai misoedd yn ddiweddarach fe wnaethon nhw gynnig tŷ cyngor newydd sbon i ni yn 65, Rhodfa Harris yn Nhredelerch yn nwyrain Caerdydd. Yna, gyda chymorth cwmni symud dodrefn, symudodd y teulu Howard i gyd i'n cartref newydd.

Felly, fe dreuliais i 'mhlentyndod yn yr ardal sy nawr yn cael ei hadnabod fel Bae Caerdydd, ond fe wnes i symud o'r dociau pan o'n i'n bum mlwydd oed. Roedd Mam a Dad yn dwlu ar y ffaith bod y tŷ newydd mor swnllyd, gydag wyth o blant ar hyd y lle.

Mymryn Bach o Enwogrwydd

Un tro, gwahoddwyd Mam a Dad gan y cyflwynydd teledu a radio o Gaerdydd, Wyn Calvin, i ymddangos ar ei sioe ar sianel T.W.W. *New Airs and Faces*. Pam? Wel, bryd hynny yn Nhrebiwt roedd lle o'r enw Clwb yr Enfys, lle byddai plant o bob lliw a llun yn dod i chwarae. Mrs Margaret Carpenter oedd warden y clwb, ac fe drefnodd hi gronfa apêl i'w chynnal gan y papur dyddiol, *Cardiff Echo*. Codwyd dros bum cant o bunnau ar gyfer Mam, gan bobl o bob rhan o Gymru.

Yn 1995, dri deg saith mlynedd yn ddiweddarach, gofynnwyd i Mam a fyddai hi am fynd i weld ei nith Hannah yn dawnsio. Yr hyn nad oedd Mam yn ei wybod oedd y byddai hi'n westai, mewn gwirionedd, ar y sioe *Heart of Gold* o dan ofal y cyflwynwyr Esther Ranzen a Caroline Smiley.

Gofynnodd Caroline Smiley i Mam, pryd oedd y tro diwetha iddi weld Luigi?

Dywedodd wrthi, "Dri deg pum mlynedd yn ôl."

Roedd Mam a Dad ar y llwyfan pan ddaeth Luigi a'i deulu i ymuno â nhw.

Roedd dagrau o lawenydd yn rhedeg i lawr wyneb Mam pan welodd hi Luigi yn crio, ac roedd dagrau hefyd ar wynebau y teulu Howard. Roedden ni i gyd mor falch ac mor hapus o'i gweld yn dod o hyd i Luigi ar ôl tri deg pump o flynyddoedd. Cawson ni wybod bod Luigi wedi bod yn byw yn Cathays, dim ond hanner awr oddi wrth Mam. Ar ddiwedd y sioe cyflwynwyd pin aur i Mam i gydnabod ei gweithred ddewr 'nôl yn 1951. Am ei dewrder, hefyd, dyfarnwyd iddi fedal efydd gan y dyngarwr Andrew Carnegie. Pan oedd fy chwaer yn hŷn, rhoddodd Mam ei medal iddi, gan ei bod yn feichiog gyda Linda pan achubodd hi Luigi.

Ar y 31ain Awst 2014, teithiodd Lynda fy ngwraig a finnau i Neuadd Carnegie yn Dunfermline yn yr Alban, oherwydd i mi ddarganfod bod enw Mam wedi'i gofnodi yn y llyfr *The Carnegie Heroes Fund Trust Roll of Heroes and Heroines*, fel cydnabyddiaeth o'i dewrder. Ro'n i mor hapus a balch o weld enw Mam yn y llyfr. Roedd y dagrau yn llifo heb gywilydd i lawr fy wyneb. Dw i'n dy garu di, Mam.

Cofio Mam

Pan fydda i'n edrych yn ôl ac yn meddwl am Mam, mae gen i atgofion melys amdani bob amser. Roedd hi'n hapus y rhan fwyaf o'r amser, ac yn brysur iawn – fel y gallwch ddychmygu – gydag wyth o blant i ofalu amdanyn nhw. Treuliai hi'r rhan fwyaf o'i hamser yn coginio, golchi dillad ac yn ein paratoi ni ar gyfer yr ysgol. Doedd dim llawer o amser sbâr 'da hi, i ddweud y gwir. Pan gâi hi'r amser, byddai'n dwlu edrych ar operâu sebon fel *Coronation Street* a *Crossroads*, a hen ffilmiau du a gwyn. Roedd Mam wrth ei bodd yn adrodd straeon wrthym ni hefyd, a doedd hi byth yn hapusach na phan y byddai hi'n anwesu ei hwyrion a'i hwyresau.

Un peth oedd yn rhyfedd: pan o'n ni'n byw yn ein cartref, yn Tŷ Howard fel petai, welais i erioed unrhyw luniau o Mam pan oedd hi'n ifanc. Un diwrnod gofynnais iddi, pam? Atebodd drwy ddweud nad oedd hi'n hoffi edrych yn ôl, dim ond o'i blaen, tua'r dyfodol. Flynyddoedd lawer yn ddiweddarach, fe wnes i ddarganfod y gwir reswm: cafodd Mam blentyndod anhapus. Pan oedd hi ond chwe wythnos oed, gadawodd ei mam, Olive, hi. Gofalwyd amdani wedi hynny gan ei modryb Lena a'i modryb Maggie, nes ei bod hi'n ddigon hen i weithio.

I wneud pethau'n waeth, roedd gan Mam chwaer hŷn o'r enw Frances, gafodd 'i rhoi mewn cartref plant pan oedd hi'n ifanc iawn. Welodd Mam mohoni byth wedi hynny. Nid rhyfedd o beth, felly, ei bod yn teimlo mor drist am y gorffennol. Yn ôl rhai aelodau o 'nheulu, daeth Olive i fyw i Stryd Maria lawer o flynyddoedd wedyn…

Ond doedd popeth ddim yn drist i Mam. Pan oedd hi'n ifanc, roedd hi'n arfer chwarae ar y siglen gyda'i ffrindiau yn yr hen ffatri datws ar Stryd Tyndall. Roedd hi'n dwlu ar sgipio hefyd; roedd hi'n llawer gwell na ni.

Fel y soniais i, fe dreuliodd Mam y rhan fwyaf o'i

bywyd gwaith yn y diwydiant arlwyo; ac roedd hi wastad wrth ei bodd yn gwneud pethau er budd elusen. Pan oedd hi'n gweithio i Fwrdd Trydan De Cymru yn Llaneirwg, er enghraifft, byddai hi'n cael tipyn o sbort; yn gwisgo sombrero, neu'n rhoi dwy falŵn i lawr cefn ei throwsus – i wneud iddi edrych yn fawr – wrth iddi wthio'r troli te.

Roedd Mam y dwlu mynd ar wibdeithiau i Blackpool gyda'i ffrindiau gwaith hefyd.

Byddai hi hefyd wrth ei bodd yn mynd i weld y mabolgampau yn Ysgol Iau Greenway; byddai hi'n dod i'n cefnogi ni yn aml. Dw i'n cofio un diwrnod, ro'n i'n cystadlu yn y sbrint canllath. Ciciodd Mam ei hesgidiau bant, cododd ei sgert, yna rhedodd 'nôl a blaen wrth ymyl y trac – gan sgrechian ar dop ei llais. Roedd gweld hyn mor chwithig i mi; mae'n rhaid bod y rhieni eraill yn meddwl ei bod hi'n wallgof!

Bob yn awr ac yn y man, byddai Mam yn eithaf hoff o fynd i ddawnsio gyda fy chwiorydd a'i ffrind Sheila. Ar y llawr dawns, byddai hi wastad yn chwilio am rywun i ddawnsio'r *bumps* gyda hi.

Yn anffodus, wrth i amser fynd heibio, dechreuodd iechyd Mam ddirywio; ac am flynyddoedd lawer, buodd hi'n dioddef o glefyd siwgwr.

Dw i'n cofio Mam yn cwyno ei bod wedi taro bysedd ei throed yn erbyn y sgyrtin. Wnaeth hi ddim meddwl llawer am y peth, nes trefnwyd apwyntiad gyda'r meddyg. Yn ei ôl e, doedd dim byd i boeni yn ei gylch. Dywedodd Mam wrth y meddyg ei bod hi'n mynd ar wyliau gyda Dad, ac fe ddywedodd e wrthi y byddai halen y môr yn llesol iddi. Yn anffodus, doedd barn y meddyg ddim yn gywir. Yn ystod ei gwyliau cafodd Mam haint ar fysedd ei throed chwith. Erbyn iddi gyrraedd adre roedden nhw wedi mynd i ddrewi'n ofnadwy. Aeth hi i'r ysbyty; a phan welodd y meddygon y sefyllfa, doedd ganddyn nhw ddim dewis ond torri'r bysedd i ffwrdd. Rai wythnosau'n ddiweddarach aeth Mam am apwyntiad arferol gyda'r ciropodydd. Rhywsut, roedd hi wedi dal haint ar fysedd y droed arall. Bu'n rhaid i Mam golli bysedd ei throed dde y tro hwn.

Ar ôl hynny, aeth pethau o ddrwg i waeth. Lledodd y madredd i'w choes dde; ac roedd Mam mewn trallod pan ddywedodd y meddygon fod yn rhaid iddyn nhw dorri'i choes bant, i fyny at ei phen-glin.

Ar ôl colli ei choes, a dod dros y sioc, bu'n rhaid i Mam fynd i ysbyty adsefydlu Rookwood yn Llandaf, Caerdydd. Gyda chymorth a chefnogaeth y meddygon a'r ffisiotherapyddion – heb sôn am oriau hir o boen a rhwystredigaeth – llwyddodd Mam i ddysgu cerdded gyda phrosthetig (coes artiffisial) newydd.

Mae un ddelwedd druenus o Mam yn aros yn fy meddwl i hyd heddiw. Dydw i ddim yn cofio'r diwrnod, ond dw i'n cofio gadael fy hun i mewn i dŷ Mam – gyda'r allwedd sbâr a roddodd hi i mi. Fe ges i sioc, a theimlais yn drist iawn o weld Mam yn ceisio cropian i fyny'r grisiau, heb ei phrosthetig. Pan ofynnais i iddi pam nad oedd hi'n ei gwisgo, dangosodd ei bonyn coes i mi: roedd yn gignoeth, wedi chwyddo ac yn gwaedu – mae'n debyg oherwydd bod yn rhaid dod i arfer â phrosthetig newydd.

Fel y gallwch ddychmygu, pan glywodd Dad am hyn, roedd e'n grac ac yn llawn gofid ar yr un pryd. Y diwrnod canlynol fe ffoniodd Gyngor Dinas Caerdydd. Wedi asesu amodau byw Mam, gosodwyd lifft grisiau newydd yn y tŷ. Daeth therapydd galwedigaethol i weld Mam hefyd. Yn dilyn ei argymhellion, adeiladwyd rheilen gynhaliol a ramp i hwyluso mynediad i'r tŷ. Drwy hyn gwnaed bywyd Mam yn llawer gwell, diolch byth. Ond, oherwydd bod Mam wedi colli 'i choes roedd yn rhaid iddi dreulio llawer o amser yn ei chadair olwyn. Roedd hi'n casáu hyn, a hithau wastad wedi arfer mwynhau coginio a bod yn brysur o gwmpas y tŷ.

Dw i'n cofio ymweld â Mam un dydd; mor drist oedd ei gweld hi'n eistedd yn ei chadair olwyn o flaen y ffenestr yn y lolfa.

"Shwmae Mam, beth wyt ti wedi bod yn 'i wneud?" gofynnais.

Atebodd hithau, "Dim llawer, fy mab, jyst gwylio'r byd yn mynd heibio."

Ro'n i'n teimlo mor drist dros Mam oherwydd bod ansawdd ei bywyd wedi newid mor aruthrol. Roedd ei golwg wedi gwaethygu hefyd ac roedd hi bron yn ddall.

Er hynny, fe gafodd hi ambell gyfnod hwyliog a hapus. Roedd Dad yn llym iawn gyda'i diet, ond roedd gan Mam ddant melys. Pan fyddai Dad allan, byddai'n dweud wrthym ni, "Gloi, ewch i'r siop i nôl losin i mi, neu ddonyt jam!"

Wrth edrych yn ôl, fe wnaeth i mi chwerthin – roedd e fel rhyw fath o driniaeth ddirgel.

Yn ogystal â'i phlentyndod anhapus, fe gafodd Mam ragor o newyddion drwg yn nes ymlaen yn ei bywyd a wnaeth – yn fy marn i – dorri ei chalon.

Mae gen i chwaer o'r enw Fay, a symudodd i Brighton flynyddoedd lawer yn ôl. Fe dd'wedodd hi wrthym ni ei bod hi'n teithio ar fws un dydd, a'i bod wedi sylwi ar hen wraig yn eistedd gyferbyn â hi. Daliodd fy chwaer i syllu arni nes iddi orfod dweud wrthi o'r diwedd ei bod yn ei hatgoffa o Mam. Gofynnodd yr hen wraig iddi beth oedd enw ei mam. Pan ddywedodd hi, "Shirley", lledodd llygaid yr hen wraig mewn sioc.

Eglurodd fy chwaer mai Fay oedd ei henw hi a'i bod yn un o ferched Shirley. Gofynnodd i'r hen wraig ble roedd hi wedi bod cyhyd, ond yn anffodus doedd hi ddim am siarad am y peth – dim ond dweud iddi symud i Brighton flynyddoedd lawer yn ôl. A oedd Francis, chwaer Shirley yn dymuno ei gweld eto ar ôl yr holl amser? Siom a braw a gafodd Fay o'i chlywed yn dweud, "Na" – gan fod gormod o amser wedi mynd heibio ac na wyddai hi beth i'w ddweud wrthi. Dw i'n meddwl bod Fay wedi gweld Francis ambell waith wedi hynny, ond roedd hi'n dal yn amharod i ymweld â'i chwaer yng Nghaerdydd.

Pan ymwelodd Fay â Chaerdydd, dywedodd hi'r stori anhygoel wrth Mam. Roedd Mam mewn syfrdan llwyr; doedd hi ddim yn gwybod beth i'w ddweud. Ddywedodd Fay ddim wrthi fod Francis yn gyndyn i'w gweld, ond roedd hi'n awyddus i wybod beth fyddai ymateb ei mam (i'r syniad o weld ei chwaer). Yn ôl Fay, buodd Mam yn dawel am ychydig, nes iddi ddweud yr un peth ag yr oedd ei modryb Francis wedi'i ddweud wrthi, sef bod gormod o amser wedi mynd heibio.

Dw i'n teimlo'n drist iawn nad oedd gan y ddwy chwaer ddim byd i'w ddweud wrth ei gilydd ar ôl yr holl amser. Tydw i ddim yn deall bywyd weithiau, na theulu chwaith.

Ar y cyntaf o Ionawr 2012, bu'n rhaid i Mam fynd i'r ysbyty i dynnu crawniad ar fwa ei throed. Ar y trydydd o Ionawr, ro'n i'n gweithio ar Fferm Ymddiriedolaeth Amelia, ar lôn bum milltir o dre'r Barri. Dw i'n cofio'r derbynnydd yn dod i mewn i'r stafell ddosbarth. "Mae yna alwad i chi Wayne," meddai. Codais y ffôn a chlywed nyrs o Ysbyty Athrofaol Cymru'n dweud, *"Your Mam has taken a turn for the worse."* Ro'n i mewn sioc, wrth gwrs. Ro'n i'n gwybod mai dyna oedd y derminoleg yn yr ysbyty i ddweud bod rhywun wedi marw, neu ar fin gwneud. Wrth gwrs, gadewais y gwaith yn syth. Pan gyrhaeddais i roedd Dad yno'n barod, yn dal llaw Mam ac yn crio. Plygais dros ben

Mam a'i chusanu ar ei thalcen. Allwn i ddim credu ei bod wedi mynd, ond dw i'n cofio edrych arni hi gan feddwl ei bod yn edrych yn heddychlon yn yr angau.

Yn ôl yr ysbyty, achos y farwolaeth oedd methiant anadlu – niwmonia a gafodd hi yn yr ysbyty – ynghyd â chlefyd y galon.

Ar adegau, dw i'n teimlo'n eithaf emosiynol yn ysgrifennu am fywyd Mam.

Yn fy marn i, chafodd hi ddim digon o hapusrwydd yn ei bywyd. Wrth gwrs, roedd hi'n caru ei theulu a'i hwyrion; ond byddwn i wedi hoffi iddi gyfarfod â'i chwaer goll. Fe allen nhw fod wedi gwella eu clwyfau rhywsut.

Roedd Mam yn fenyw mor ddiymhongar a charedig, yn gweithio'n galed, ac yn wraig gariadus. Roedd hi hefyd yn ymladdwr, ond yn y diwedd aeth yn gaeth i'w chadair – wedi blino'n llwyr ar ymladd a brwydro.

Dw i'n dy garu di, Mam.

Tŷ ni ym Mae Teigr

FEL Y SONIAIS i, roedd ein teulu ni – teulu Howard – yn arfer byw yn 1 Stryd Herbert, ar bwys Bae Teigr, neu'r Dociau (mae'r enw'n dibynnu ar bwy 'chi'n siarad ag e). I fod yn onest, dw i ddim yn cofio llawer am ein tŷ ni oherwydd ro'n i'n rhy ifanc, ond dw i'n cofio gweld llun o'r lle yn y *South Wales Echo*. Yn y ffotograff, roedd Dad yn sefyll yno wedi'i amgylchynu gan ei blant ac yn pwyntio at y nenfwd, a oedd yn cw'mpo lawr ar y pryd. Mae'n siŵr bod y ddelwedd hon wedi cyffwrdd â chalonnau pobl Cymru ac wedi gwylltio pobl Bae Teigr hefyd.

Cafodd Mam ei geni ar Stryd Crichton yn Nhre-biwt, yn agos iawn i ardal brysur y Dociau. Gyda llaw, yn ôl bob sôn, enwyd y lle'n Bae Teigr yn wreiddiol gan y morwyr, am fod y môr yn arw – a hefyd oherwydd bod yr ardal yn beryglus. Ond, er gwaetha'r enw dramatig a'r enw drwg, doedd yr ardal ddim yn beryglus o gwbl yn ôl Mam; yn y 50au roedd yr ardal yn hollol saff, ac roedd cymuned glòs yno ac un a oedd yn amlddiwylliannol iawn.

Ond pam roedd Bae Teigr mor amrywiol? Yn y 19eg a'r 20fed ganrif roedd De Cymru'n un o gynhyrchwyr glo mwya'r byd; ac roedd y "diemwntau du" yma – o byllau glo de-ddwyrain Cymru – yn cyrraedd y môr ym mhorthladdoedd Caerdydd a'r Barri, er mwyn eu hallforio i bedwar ban byd. Un o'r datblygiadau pwysicaf a wnaeth ganiatáu hyn oedd agor Camlas Morgannwg yn 1795; ac wedyn adeiladu'r dociau i ddilyn, gyda threnau rheilffordd y *Taff Vale* ar gael i gludo'r glo i'r llongau.

Wrth gwrs, fe ddenodd y ffyniant diwydiannol hwn lawer iawn o fewnfudwyr, a ddaeth o hyd i waith ar y llongau a'r dociau – gyda nifer ohonynt yn cyrraedd ar fwrdd llong. Yn ystod yr 19eg ganrif, llifodd mewnfudwyr i Gaerdydd, o'r Dwyrain Canol, Affrica – yn enwedig o Yemen ac o Somalia – Gwlad Groeg, Sbaen, Portiwgal, Tsieina, Yr Eidal ac Iwerddon.

Erbyn yr 1880au, roedd Caerdydd wedi tyfu o fod yn un o drefi lleiaf Cymru i fod yr un fwyaf, ac roedd y porthladd yn handlo mwy o lo nag unrhyw borthladd arall yn y byd. Ychydig cyn dechrau'r Rhyfel Byd Cyntaf, yn 1913, allforiwyd dros 13 miliwn o dunelli. Yn yr un cyfnod, byddai gwerth glo ar draws y byd yn cael ei benderfynu yn y Gyfnewidfa Lo yn y Bae, ble llofnodwyd y siec gyntaf am filiwn o bunnoedd.

Daeth ardal milltir o hyd yn y dociau i'w hadnabod fel Bae Teigr, Tre-biwt a'r Dociau. Erbyn 1950, cynrychiolwyd dim llai na hanner cant o wahanol genhedloedd yma, gyda 50 o ieithoedd gwahanol yn cael eu siarad o fewn poblogaeth o 10,000. Roedd hyn yn golygu bod gwahanol ddiwylliannau, bwyd a cherddoriaeth yn toddi i'w gilydd a hefyd bod 'na gymysgedd cytûn o ddiwylliant a thraddodiadau Cymreig hefyd. Ar y pryd roedd e'n beth cyffredin iawn i weld priodasau rhyngwladol, lle byddai morwyr o bant yn priodi merched Cymreig.

Dad

GANED DAD, NEVILLE George Barton Howard ar y chweched o Fawrth, 1928, yn Kingston, Jamaica. Dyna a nodai ei dystysgrif geni, oherwydd yr adeg honno roedd e'n defnyddio enw morwynol ei fam, sef Barton. Ychydig flynyddoedd yn ddiweddarach – ar ôl i rieni Dad briodi – cymerodd gyfenw ei dad, sef Howard.

Roedd Dad yn dod o deulu mawr: un ar ddeg o blant, gan ei gynnwys ef. Dim ond rhai o enwau ei frodyr a'i chwiorydd dw i'n 'u cofio; roedd gan rai lysenwau hefyd – Jack, Winston, Beryl, Faye, Gloria, Cutie, Carlton a Papason. Yn ôl Dad, roedd llawer o'i frodyr a'i chwiorydd yn byw dramor. Cafodd un o'i chwiorydd, Faye ei saethu yn America; bu farw Beryl mewn damwain car; ac roedd Gloria yn arfer gweithio fel nyrs. Gweithiai Carlton fel pysgotwr ac roedd Winston yn aelod o'r awyrlu.

Cyn symud i Brydain, buodd Dad a'i deulu'n byw mewn rhai lleoedd gwahanol ar Matthews Lane, Jamaica – yn Rhif 4 ac yn Rhif 112, er enghraifft. Dw i'n cofio gofyn i Dad un diwrnod sut brofiad oedd byw ar Matthews Lane; dywedodd wrtha i bod llawer o dlodi, trais, amddifadedd, dicter a rhwystredigaeth.

Dw i'n cofio fy chwaer Faye a'i mab Louis yn dweud wrtha i eu bod wedi mynd i ymweld â theulu Dad yn

Jamaica unwaith. Aeth y gyrrwr tacsi â nhw at fynedfa Matthews Lane, ond ddim pellach; dywedodd wrthyn nhw fod y lle'n rhy beryglus.

Dyma ddetholiad o erthygl ar Matthews Lane yn y *New York Times*, a gafodd ei chyhoeddi ar y 31ain o Fai 2010:

> *When the powerful don of a downtown neighborhood, Matthews Lane, was sentenced to life in prison for murder, the Jamaican government promised the residents they would not be forgotten.*
>
> *Quickly, the drains were cleaned and the sewers fixed. Jobs and new housing were on the way, residents were told.*
>
> *But four years later, residents still regard the police as "them" and are hard pressed to name a project completed by the government. A cadre of the don's underlings, including his son, stepped into the vacuum and asserted their power.*
>
> *Walking near buildings in a part of the neighborhood gutted by fire, Brizzel Nelson-Robinson, whose husband was detained for several days and their small shop ransacked in the unrest last week, summed up the changed environment. "We don't feel safe," she said.*

Yn ôl Dad, roedd yna lawer o dlodi a diweithdra ar Matthews Lane; pe baech chi'n lwcus, efallai y gallech chi ddod o hyd i waith fel labrwr ar y dociau. Crydd oedd f'ewythr Isaac a morwyn ddomestig oedd fy modryb Miriam. Roedd hi'n anodd iawn iddyn nhw gael dau benllinyn ynghyd, meddai Dad. Dywedodd y byddai'r teulu'n ffodus i fwyta un pryd y dydd, ac y byddai ei fam weithiau'n mynd heb fwyd er mwyn bwydo'i theulu; ond dyna beth mae mamau'n ei wneud yntefe? Yn ôl y dystysgrif farwolaeth, bu farw mam Miriam o'r diciâu. Ond, rydw i'n credu bod y diffyg maeth hwnnw hefyd wedi cyfrannu yn ei dro – gan y byddai ei system imiwnedd wedi bod yn wan.

Cafodd Dad fywyd caled wrth iddo dyfu i fyny yn

Kingston, Jamaica. Ambell waith, byddai'n disgrifio'r trais a welodd, a'r pethau y bu'n rhaid iddo 'u gwneud i'w amddiffyn ei hun yno. Un diwrnod, gwelodd ddyn yn dal ei berfeddion i mewn – wedi iddo fod yn ymladd. Dro arall, cafodd Dad ei wthio gan ddyn i mewn i afon. Drwy drugaredd, llwyddodd rhywun oedd yn digwydd cerdded heibio i'w dynnu allan o'r dyfroedd. Ar achlysur arall, bygythiodd daflu cerrig at fachgen a oedd yn ei fygwth e yn ei dro.

Dw i'n siŵr bod Dad wedi cael amseroedd da yn chwarae gyda'i frodyr a'i chwiorydd, ond ni siaradodd erioed amdanyn nhw; roedd yn rhy brysur yn ceisio goroesi am wn i.

Dianc?

Dw i'n eistedd o flaen fy nghyfrifiadur yn sgwennu yn y Gymraeg; ond, oni bai am benderfyniad tyngedfennol Dad, efallai'n wir mai yn Ffrangeg y byddwn i'n ysgrifennu'r stori hon.

Pan oedd Dad yn ddeunaw oed, penderfynodd adael Jamaica i chwilio am fywyd newydd. Roedd ei rieni wedi marw ac roedd rhai aelodau o'r teulu wedi gadael Jamaica yn barod i chwilio am fywyd newydd, am amodau gwell o fyw.

Un dydd, roedd Dad yn eistedd ar y traeth, pan welodd e long enfawr o Ganada yn yr harbwr. Penderfynodd nofio at y llong, ond – ar y funud olaf – daeth ofn drosto a phenderfynodd nofio yn ôl. Flwyddyn yn ddiweddarach, cuddiodd ar long o'r enw yr *Almanzora*, gyda thri deg teithiwr cudd arall. Yn ôl bob sôn, fe gawson nhw eu smyglo arni; gan deithio ar long yr oedd y teithwyr eraill wedi talu i fod ar ei bwrdd.

Cafodd Dad, ynghyd â gweddill y teithwyr cudd, eu

bwydo gan y teithwyr eraill. Treuliodd dair wythnos ar y llong cyn iddi gyrraedd harbwr Southampton. Dywedodd ei fod yn teimlo'n ofnus yn cyrraedd gwlad newydd, ond eto'n llawn cyffro. Wedi'r cyfan, roedd e'n ddyn ifanc, pedair ar bymtheg oed, yn llawn egni ac awydd i ddechrau bywyd newydd yn y famwlad.

Yn anffodus, chafodd Dad ddim y croeso yr oedd yn ei ddisgwyl; pan ddaeth y teithwyr oddi ar y llong, roedd y *Black Maria* yn aros amdano. Dw i'n cofio'r ddelwedd o'r *Black Maria*; roedd arna i ofn yn fy nghalon wrth wrando arno fe'n sôn amdani. Hon oedd fan ddu'r heddlu, a fyddai'n arfer cludo troseddwyr wedi iddyn nhw gael eu harestio. Mae'n rhaid bod swyddogion yr harbwr wedi cyfri'r maniffest ac wedi sylwi nad oedd rhai teithwyr wedi talu am y daith. Felly bu'n rhaid i Dad dreulio mis cyfan yn y carchar, gyda'r tri deg dau teithiwr cudd arall oedd heb dalu am eu taith ar draws yr Iwerydd. Wrth gwrs, roedd ganddo bob hawl i fod yn y Deyrnas Unedig, oherwydd roedd Jamaica yn rhan o'r Gymanwlad. Roedd yn barod i gymryd y risg, mae'n debyg, cyhyd ag y byddai'n cael cyfle i ddechrau bywyd newydd. Fe wnes i chwerthin pan ddywedodd e rywbeth eithaf doniol am y profiad wrtha i, wel, o fy safbwynt i o leiaf. Wrth i'r llong nesáu at yr harbwr, dywedodd Dad ei fod yn cofio gweld llawer o simneiau – ac yntau'n credu taw simneiau pobyddion oedden nhw! Doedd Dad ddim yn sylweddoli ei fod yn edrych ar simneiau ffatrïoedd yn arllwys mwg i'r awyr; efallai nad oedd ffatrïoedd o'r fath yn bodoli bryd hynny ar ynys drofannol, heulog Jamaica.

Y Dyn Blin

PAN O'N I'N ifanc, byddwn i'n gofyn i Dad sut brofiad oedd dod i Brydain? Gwrthod ateb a wnâi, gan fynnu newid y pwnc o hyd. Roedd hyn yn fy mhoeni i, felly fe wnes i roi'r gorau i ofyn iddo. Flynyddoedd lawer yn ddiweddarach, dywedodd wrthym ni am ei brofiadau. Efallai i dreigl amser helpu, neu iddo fynd yn ddoethach, pwy a ŵyr?

Heblaw am gael ei garcharu am fis, cafodd Dad ei brofiad cyntaf o Brydain wrth iddo edrych am rywle i fyw. Dywedodd wrtha i ei fod un diwrnod yn chwilio am *"digs"*, sef y term a ddefnyddiwyd am lety ym Mhrydain yn y 50au. Pan fyddai angen, gallai Dad ollwng ei dafodiaith – *Batiks Jamaican* – er mwyn i bobl eraill ei ddeall. Ffoniodd dŷ a gofynnodd a oedd llety yno. Oedd, roedd llety ar gael; felly rhywbryd yn ddiweddarach, curodd Dad ar y drws. Daeth dynes i'w gyfarch, yna edrychodd ar ei wyneb cyn dweud, "Mae'n ddrwg gen i, ond does dim llefydd gwag." Caeodd y drws yn glep yn wyneb Dad. Dyna oedd profiad cyntaf Dad o hiliaeth. Doedd hiliaeth ddim yn bodoli yn Jamaica, meddai e – roedd pobl jest yn bwrw ymlaen â'u bywydau. Roedd llawer mwy o brofiadau tebyg i ddod. Un diwrnod, roedd Dad yn cerdded ar y stryd, pan welodd wraig gyda'i merch fach yn cerdded tuag ato. Am ryw reswm, fe groeson nhw'r ffordd i osgoi Dad. Wrth iddyn nhw wneud hynny, dyma'r ferch fach yn gofyn i'w mam ble roedd ei gynffon. Lle y dysgodd hi hynny, tybed?

Dyna'r profiad a gafodd Dad pan ddaeth i Brydain, i'w famwlad, i chwilio am fywyd newydd yn y 50au. Yn anffodus, bu'n rhaid iddo ddioddef llawer mwy o heriau hefyd, a gorfod gweithio'n glanhau toiledau dynion. Doedd dim rhyfedd bod Dad mor chwerw a blin am flynyddoedd. Fe wnaeth y profiadau a gafodd yn y cyfnod hwn ei siapio fe...

O Southampton i Gaerdydd

AR ÔL CAEL y profiad o fyw yn Southampton am sbel, penderfynodd Dad symud i Gaerdydd. Pam felly? Dywedodd fod ei ffrindiau i gyd wedi symud i lefydd fel Llundain a Lerpwl, a'u bod nhw'n mynd ar ôl y merched yno. Doedd hynny ddim o ddiddordeb i Dad; roedd e eisiau bywyd heddychlon. Roedd e hefyd yn gwybod bod yna ddociau yng Nghaerdydd, yn ogystal â chymuned ddu gref. Mae'n debyg, bryd hynny, ei fod yn teimlo'n fwy diogel yn byw ymhlith ei bobl ei hun; ac nid yn unig hynny, byddai'n gyfarwydd â'r diwylliant Caribïaidd hefyd.

Roedd Dad yn eithaf bodlon ei fyd yn byw yn y Dociau, ond doedd e ddim fel y rhan fwyaf o'r dynion o'r Caribî ar y pryd – y rhai oedd yn hoffi meddwi a mynd ar ôl y merched. Roedd Dad yn hoff o yfed cwrw *Macintosh* – at ddibenion meddyginiaethol, wrth gwrs – a phob nawr ac yn y man byddai'n arfer smygu sigaréts *Senior Service* – rhai cryfion, heb ffilter.

Sôn am y merched, dw i'n cofio Dad yn dweud wrtha i bod y dynion o'r Caribî yn boblogaidd iawn gyda'r merched gwyn oedd yn byw yng Nghaerdydd a'r cyffiniau. Mae'n debyg bod y merched yn meddwl eu bod nhw'n egsotig, a rhaid cofio iddyn nhw ddod â'u diwylliant gyda nhw, wrth gwrs: y gerddoriaeth, y bwyd a'r dawnsio. Oherwydd hyn, dechreuodd perthnasau a phriodasau rhynghiliol ffynnu – a chafodd mwy o blant lliw coffi eu geni.

Y Ferch ar Garreg y Drws

FEL Y GWYDDOCH chi, mae pob plentyn yn chwilfrydig – felly, un diwrnod, gofynnais i Dad sut y bu iddo gwrdd â Mam. Dywedodd ei fod yn digwydd cerdded ar hyd Stryd Crichton gydag un o'i ffrindiau, pan sylwodd ar ferch ifanc yn eistedd ar garreg drws. Trodd at ei ffrind a dweud taw dyna'r ferch y byddai'n ei phriodi. Roedd Mam yn un ar bymtheg ar y pryd; ac ar ôl blwyddyn o ganlyn, daeth proffwydoliaeth Dad yn wir. Priodwyd y ddau yn Swyddfa Gofrestru Caerdydd yn 1953; roedd Mam yn ddwy ar bymtheg a Dad yn chwech ar hugain. Ar ôl y briodas, symudodd Mam a Dad i Rif 1 Stryd Herbert – yn agos iawn i Dre-biwt.

Fy Nhaith

Fe ges i 'ngeni ar y 3ydd o Ragfyr, 1953 yn Ysbyty Dewi Sant yn Nhreganna, Caerdydd. Dydw i ddim yn cofio 'mhwysau, ond pan o'n i'n hŷn, dywedodd Dad 'mod i'n edrych fel llygoden fawr wedi boddi pan ges i 'ngeni. Diolch Dad. Trefnodd Mam 'mod i'n cael fy medyddio. Wyddoch chi pam? Nid am resymau crefyddol, na; roedd hi'n meddwl 'mod i'n mynd i farw. Yn anffodus, ces i 'ngeni gyda chlymau perfedd, ac yn chwydu 'mwyd o'r herwydd; ac ar ben hynny, roedd fy ngholuddion i'n llidus. Nid y dechrau delfrydol i fywyd. Ond, efallai taw gweddïau Mam – a'r ffaith i mi gael fy medyddio – a achubodd fy mywyd i, pwy a ŵyr? Fe oroesais i'r dychryn hwnnw; ond nid dyna'r dychryn cyntaf, na'r olaf chwaith.

Fe dreuliais i bum mlynedd cyntaf fy mywyd yn byw ac yn chwarae yn ardal y Dociau, ac o gwmpas fy nghartref ar Stryd Herbert. Dw i ddim yn cofio llawer am y blynyddoedd cynnar, heblaw am Luigi yn syrthio i'r gamlas – a Mam yn ei achub; wna' i fyth anghofio hynny. Yn y cyfnod hwn, roedd Dad yn gweithio fel labrwr yn Nociau Caerdydd. Roedd yr amodau byw yn y tŷ yn ofnadwy, a dyna pam y gadawon ni'r lle.

Felly, yn bum mlwydd oed – gyda phump o frodyr a chwiorydd – symudais i 65 Rhodfa Harris: stryd hir iawn gyda rhesi o goed ar bob ochr. Dim ond ifanc o'n i, ond dw i'n cofio'n glir y llawenydd a'r cyffro pan symudon ni i'n cartref newydd sbon yn 1958. Dw i'n cofio dal llaw fy mrawd hŷn, Gary, wrth i'n cymdogion groesawu'r teulu du cyntaf i'r stryd.

Roedd ein cymdogion Mr a Mrs Bruce ar y chwith, a Mr a Mrs Collard ar y dde. Gyferbyn â ni, roedd y teulu Free a'r teulu Gover. Tŷ sengl oedd 65 Rhodfa Harris, gyda thair stafell wely, stafell folchi, stafell fwyta, cegin, stafell amlbwrpas a gardd fawr iawn. Mae gen i atgofion hapus o'n magwraeth yno; Dad yn cadw colomennod; chwarae marblis ar y stryd neu yn y gwter gyda fy ffrind Steve. Dw i'n cofio chwarae *Cowboys and Indians* yn y caeau ffarm cyfagos, chwarae criced, a hela madfallod a llygod bach. Dw i'n cofio'r cymdogion: Mrs Collard, Mr Bruce o Wlad Belg – roedd y teulu'n siarad Fflemeg. Byddai Mr Bruce yn bwyta rhai o'r colomennod... O'n i'n cadw dwy gwningen wen. Un diwrnod, fe ddes i adre i ofyn, "Ble mae 'Snowy' a'r gwningen arall?"

Yr ateb oedd eu bod nhw gyda Mr Bruce, a'i fod e wedi'u bwyta nhw!

Rhai o'r cymdogion eraill oedd Andrew, oedd yn optegydd, a Phil – o'n i'n 'i alw fe'n Eddie; ro'n i'n chwarae pêl-fasged 'da fe. Ar bwys y cae roedd teulu'r Herds; ro'n i'n dod ymlaen yn dda gyda nhw. Roedd 'da chi'r Bradshaws wedyn; roedd Mr Bradshaw yn cadw colomennod fel 'nhad, ac roedd teulu'r Amaratus – teulu o wlad Groeg. Ymhlith y cymdogion eraill roedd y Chokers – teulu o'r Almaen. Yna, roedd Mr *and* Mrs Gova; teulu'r Frees; Mr *and* Mrs Sweet; a'r Gunthers – o'n nhw'n deulu ofnadwy. Wedyn roedd 'da chi Mr *and* Mrs Cork – Mr Cork oedd y *parkie*, yn edrych ar ôl y parc; y rhain i gyd yn creu atgofion melys iawn o'r ardal. Ar ffrynt ein tŷ ni, roedd *clematis* mawr yn arfer bod; mae'r ardal wedi newid yn gyfan gwbl erbyn hyn. Symudodd Elinor fy merch i mewn fis Tachwedd y llynedd; ac mae hi wedi rhoi *render* ar y lle, wedi glanhau'r ardd, ac wedi gosod drws a ffenestri newydd.

Roedd pump o blant pan symudodd y teulu Howard i mewn i'r tŷ newydd, sef Gary, Dawn, Terry, Linda a finnau. Fe gofiwch chi i ni gael y tŷ o achos bod Mam wedi achub bywyd mab ei chymydog, a'n ffrind ni – Luigi, a hithau'n feichiog gyda Linda. Daeth Mark, Fay a Lorraine yn ddiweddarach. Felly, yn y diwedd, roedd wyth o blant – a fy rhieni – yn gwneud cyfanswm o ddeg o bobl yn byw mewn tŷ bach.

Anodd yw disgrifio'r sŵn, yr ymladd parhaus, y dadleuon a'r cwyno ar yr aelwyd yn Rhodfa Harris. Sut y llwyddodd Mam a Dad i ymdopi? Dyn a ŵyr! Ar y cyfan, ro'n i'n cyd-dynnu'n dda iawn gyda fy mrodyr a fy chwiorydd; am ryw reswm, roedd fy chwiorydd yn fy ngharu i… Fe ddwedon nhw wrtha i'n ddiweddarach taw fi oedd eu hoff frawd; mae'n debyg oherwydd ein bod ni'n arfer chwarae llawer gyda'n gilydd. Dw i'n cofio un tro rhoi cynfas dros fy mhen a smalio bod yn ysbryd. Ro'n i'n gwichian gydag hapusrwydd a ffug-arswyd pan geisiais i eu dychryn. Hefyd, wrth gwrs, pan ges i fy swydd gyntaf, ro'n i'n arfer talu punt i fy chwiorydd i smwddio fy nghrysau a 'nhrowsus.

Fel y gallwch chi ddychmygu, roedd y tŷ yn swnllyd, yn anhrefnus ac yn wyllt; ond roedd hefyd yn gartre' lle roedd 'na dipyn o hwyl i'w gael. Gydag wyth o blant, roedd Mam a Dad yn gorfod gweithio'n galed iawn i gadw trefn; Mam fyddai'n arfer paratoi'r bwyd, golchi'r dillad a siopa, tra byddai Dad mas yn gweithio. Ond, chware teg i Dad, pan gâi'r amser byddai'n arfer coginio *"corn meal"* – brecwast Jamaicaidd nodweddiadol – sef uwd wedi'i wneud o ŷd mâl. Ro'n i'n arfer ysgeintio siwgr a sinamon arno, i guddio'r blas ffiaidd. Pe baem ni'n meiddio cwyno, byddai Dad yn dweud, "Dim problem," ond hefyd yn ein rhybuddio, "fyddwch chi'm yn bwyta dim byd arall am weddill y dydd".

Mae'n rhaid i chi ddeall nad oedd Dad yn ennill llawer o arian, a bod y *"corn meal"* yn rhad ac yn gorfod mynd yn bell a phara'n hir. Pan gâi Dad yr amser a'r chwant, byddai'n dwlu ar goginio ei hoff fwyd o Jamaica, sef *Saltfish and Ackee,* neu *red beans and rice with ground coconut.* Fel trît weithiau, bydden ni'n cael *mango, soursop, custard apple* a phinafal. Roedd Dad yn hoff iawn o'i fwyd Jamaicaidd.

Fy mrawd Gary oedd yr hynaf yn y tŷ, ac roedd e'n ystyried ei hun yn arweinydd ac yn dipyn o fòs ar y gweddill ohonom ni. Roedd Gary yn llym iawn gyda ni, yn union fel Dad. Dw i'n ei gofio fe'n dysgu rhai o'r chwiorydd sut i ddweud yr amser. Os nad oedden nhw'n ei gael yn iawn, byddai'n gweiddi arnyn nhw. Gan mai fi oedd yr ail hynaf yn y teulu, buodd gwrthdaro mawr rhwng fy mrawd a minnau... Efallai ei fod yn fy ngweld fel bygythiad, ac wrth gwrs, do'n i ddim yn hoff ohono fe'n dweud wrtha i beth i'w wneud drwy'r amser chwaith. Bydden ni'n ymladd yn aml; a'r rhan fwyaf o'r amser, Gary fyddai'n ennill. Byddai'n sefyll ar focs bach gwyrdd na allwn i ei gyrraedd. Un diwrnod, fe geisiodd roi cynnig ar yr un hen dacteg eto, ond weithiodd e ddim y tro hwnnw. Yn wallgo' gyda dicter a rhwystredigaeth, fe wnes i ei ddyrnu yn ei geg.

Stopiodd Dad y frwydr pan glywodd yr holl sŵn. Ar ôl hynny, wnaethon ni ddim ymladd eto... ond arhosodd fy mrawd yn amyneddgar am ei gyfle i gael dial. Un prynhawn heulog, roedden ni'n chwarae ar do'r sied – yn yr ardd gefn (peth gwirion i'w 'neud, dw i'n gwybod). Yn sydyn, gwthiodd fy mrawd fi oddi ar y to. Fe laniais i ar un o'r pegiau a oedd yn gwahanu'r gerddi. Dw i'n cofio sgrechian mewn poen; roedd gwaed yn arllwys o dop fy nghoes. Rhedais i mewn i'r tŷ i ddangos i Mam. Edrychodd ar y clwyf ac mi aeth â fi'n syth i Ysbyty Brenhinol Caerdydd. Caeodd y meddyg y clwyf, a dywedodd wrtha i y byddwn i wedi marw pe bai'r clwyf wedi bod fodfedd yn ddyfnach. Pan sylweddolodd fy mrawd beth roedd wedi'i wneud, rhedodd yr holl ffordd i'r ysbyty i 'ngweld i.

Ychydig flynyddoedd yn ddiweddarach, ro'n i'n croesi'r ffordd rhwng y siopau – ac yn sydyn fe ddaeth beic o rywle a 'nharo i. Fe syrthiais i a gwelais asgwrn fy mhen-glin yn torri trwy 'nghroen. Bu bron i mi â llewygu ac, unwaith eto, rhedais adre i ddangos i Mam; ac, unwaith eto, es i i'r ysbyty i gael pwythau. Do, bu'n rhaid i mi oroesi rhai pethau ofnadwy yn ystod fy mywyd ifanc!

Alla' i ddim cwyno am fy mhlentyndod, yn enwedig gyda'r teulu i f'atal i rhag diflasu. Fe es i i Ysgol Feithrin Greenway ac wedyn i Ysgol Iau Greenway. Yno, yn bump oed, y ces i 'mlas cyntaf o hiliaeth ac o grefydd hefyd. Un diwrnod, a finnau'n chwarae yn yr iard, galwodd bachgen fi'n *"blacky, blacky!"*

Ro'n i wedi cynhyrfu'n fawr, achos do'n i ddim yn deall pam y byddai'r bachgen yn gwneud hwyl am ben fy lliw. Gwelodd yr athrawes bopeth; rhedodd ata' i i 'nghofleidio, ac yna dywedodd wrtha i, "Wayne, roedd Iesu'n ddu, wyddost ti? Yn union fel ti."

Ro'n i'n teimlo'n well ar ôl iddi ddweud hyn, ond doedd dim clem 'da fi pwy oedd Iesu. Dw i ddim yn cofio llawer o blant du eraill yn yr ysgol gynradd. Roedd 'na rai yn yr ysgol uwchradd, ond dim llawer. Dyna pam y ces i broblemau gyda fy hunaniaeth.

Y Tad Llym

PE BAWN I'N gallu defnyddio un gair i ddisgrifio Dad wrth dyfu lan, byddwn i'n dweud 'LLYM'. Yn ddiweddarach, fe ddarganfyddais i fod bod yn llym yn ffordd o fyw ymhlith teuluoedd Jamaicaidd.

Mae gen i atgofion hallt o'r llymder hwn yn ein tŷ ni. Dw i'n cofio smygu sigâr yn y stafell folchi un diwrnod. Fe agorais i'r ffenestr i ollwng y mwg allan, gan obeithio na fyddai Dad yn ei arogli... Ond, dim lwc. Ychydig funudau'n ddiweddarach, fe glywais i Dad yn gweiddi o waelod y grisiau mewn llais dig iawn. "Pwy sy wedi bod yn smygu yn y stafell folchi?!" taranodd. Achos mai fi oedd yr unig berson yn y stafell folchi, roedd rhaid imi gyfaddef. Yn ddirybudd, dyma Dad yn fy mhwnio yn fy nheg. Dechreuodd y gwaed arllwys, gan ddiferu ar y carped yn ei dro. Trodd Dad ata' i a dweud, "Golcha dy wyneb, a golcha'r carped hefyd." Dw i'n cofio 'i gasáu e yn yr eiliad honno.

Mae llawer o blant yn gwrthryfela pan maen nhw'n ifanc, a do'n i ddim yn eithriad.

Pan awn i allan gyda fy ffrindiau, byddwn i'n arfer smygu ac achosi direidi. Roedd Dad yn llym iawn gydag amser. Byddai'n dweud wrthym ni, "Dw i eisiau chi yn y tŷ erbyn naw o gloch." Pe baem ni hyd yn oed bum munud yn hwyr, byddai e'n ein cosbi. Oedd, roedd Dad yn arfer

39

ein cosbi, a byddai rhai ohonom ni'n arfer gwrthryfela'n gyson. Ond, wrth edrych yn ôl, roedd rhaid iddo gynnal disgyblaeth gydag wyth o blant mewn cartref bach.

Tra roedden ni'n tyfu lan, roedd e'n beth digon cyffredin i glywed Mam a Dad yn ffraeo; doedden ni ddim yn gallu dianc rhagddo fe, a ninnau'n byw mewn tŷ mor fach. Weithiau, byddwn i yn fy stafell wely neu'n eistedd ar y grisiau'n gwrando arnyn nhw'n cwmpo mas. Arian. Roedden nhw bob amser yn dadlau am arian, ond tydy hynny ddim yn syndod. Gyda deg o gegau i'w bwydo, byddai arian bob amser yn broblem. Roedd yn gas gan Dad fod mewn dyled; efallai ei fod e'n ddyn rhy falch ond doedd e ddim yn deall, neu efallai nad oedd e am ddeall, pam nad oedd yna ddigon o arian yn y tŷ.

Fel y rhan fwyaf o fenywod, sy'n delio â'r arian, roedd Mam yn gwybod nad oedd Dad yn ennill digon i'n bwydo ni ac i brynu dillad ar gyfer y teulu. Gan bod Dad yn ddyn mor falch, roedd Mam yn ofni dweud y gwir wrtho fe – dw i'n amau. Roedd Mam felly'n twyllo Dad ac yn defnyddio mesurau amrywiol i'n bwydo ni. Aeth hi i ddyled gyda llawer o bobl – fel y cigydd, catalog *Littlewoods* ac yn y blaen. Byddai hi'n aml yn benthyca bwyd neu arian, ac yn addo ei dalu'n ôl. Dw i'n cofio sut y byddai Mam yn arfer dychryn pan fyddai rhywun yn curo ar y drws. Y rheswm oedd ei bod hi'n gwybod bod pobl yn dod i setlo'r ddyled, gyda llog ar ei ben wrth gwrs. Felly, fyddai Mam ddim yn ateb y drws, a byddai'n dweud wrthym ni'r plant am beidio ag ateb y drws chwaith – a bod yn dawel iawn, nes i'r casglwyr dyledion fynd i ffwrdd.

Yn anffodus, roedd Dad gartre' un diwrnod pan gurodd casglwr dyledion ar y drws.

Siaradodd Dad â'r dyn am tua phum munud ac yna caeodd y drws. Yna, clywais i Dad yn gweiddi enw Mam,

"Shirley, dere 'ma nawr!" Bu ffrae ofnadwy, a dw i'n cofio rhedeg yn ôl i fy stafell wely a chau'r drws yn dawel. Dros y blynyddoedd fe glywson ni lawer o ddadleuon tebyg, wastad ynglŷn ag arian. Mae'n rhaid bod fy nau riant wedi bod yn rhwystredig iawn. Ar y naill law, roedd Dad yn gwneud ei orau i beidio â mynd i ddyled, ar y llall roedd Mam wastad yn ceisio cael dau benllinyn ynghyd.

Dad: y Gweithwr Caled a'r Darparwr

Er ei fod yn medru bod yn gas, dw i'n edmygu Dad yn fawr iawn am geisio ei orau bob amser i ddarparu ar gyfer y teulu. Buodd ganddo lawer o swyddi dros y blynyddoedd: fel peintiwr ac addurnwr i Gyngor Dinas Caerdydd, yn ffatri ddur Llanwern, a hyd yn oed yn helpu ei ffrind Alfie i osod posteri o amgylch Caerdydd. Wrth i Dad fynd yn hŷn, dechreuodd adrodd mwy a mwy o straeon am ei orffennol. Roedd un stori yn gwneud i mi deimlo'n grac, yn drist ac yn falch ar yr un pryd... Ar un adeg, roedd Dad yn ysu am gael gwaith; roedd e'n mynd o le i le yn ceisio dod o hyd i waith. Yn y pen draw, aeth i safle adeiladu a gofyn i'r fforman a oedd unrhyw waith ar gael. I ddechrau, dywedodd y fforman nad oedd yna swydd wag, ond roedd yn gwybod bod Dad yn ysu am waith. Felly, manteisiodd ar ei sefyllfa. Pwyntiodd at dŵr uchel a dweud wrth Dad, pe bai'n dringo i ben y tŵr a phaentio'r trawst metal, byddai'n rhoi swydd iddo fe. Roedd Dad yn gwybod yn iawn bod y dasg yn beryglus iawn – ac mae'n rhaid i chi hefyd gymryd i ystyriaeth nad oedd iechyd a diogelwch yn bodoli yn y dyddiau hynny – ond doedd gan Dad ddim unrhyw ddewis os oedd am fwydo ei deulu. Felly, cytunodd i wneud y gwaith peryglus. Rhoddodd y fforman dun o baent ocsid coch a brwsh paent gyda handlen hir iddo, sef *"striker brush"* yn Saesneg. Disgrifiodd Dad sut y dringodd yr ysgol gyda'i goesau'n crynu a'i galon yn curo. Yna, roedd yn rhaid iddo gropian ar ei fol fel neidr a phaentio'r trawst. Fe gafodd e'r job yn y pen draw. Diolch Dad, dw i mor falch ohonot ti.

Soniais i'n gynharach fod gan ein tŷ ni ardd enfawr. Gwnaeth Dad ddefnydd da ohoni. Byddai'n tyfu rhesi o datws ar yr ochr dde. Dw i'n dal yn gallu gweld y ddelwedd yn fy meddwl nawr ohono fe'n defnyddio'r *"Merry Tiller"* – aradr i baratoi'r pridd. Fe ofynnais i iddo un diwrnod a allwn i roi cynnig arni, ond dywedodd 'mod i'n rhy fach. Wnes i bwdu am weddill y dydd. Ar yr ochr chwith, adeiladodd Dad fframiau wedi'u gwneud o ffyn bambŵ – yn barod i dyfu ffa dringo. Bob yn awr ac yn y man byddai e'n swapio'r tatws neu'r ffa dringo am winwns gan Mr Bruce, ein cymydog.

Dad: Dyn a'i Ddiddordebau

Yn ystod ei oes hir, bu gan Dad lawer o hobïau. Byddai e wrth ei fodd yn rasio colomennod; roedd yn aelod o glwb o'r enw Y Lleng Brydeinig, yn Llanrhymni.

Roedd e'n hoff iawn o'r gystadleuaeth a chyfeillgarwch ei ffrindiau. Weithiau, byddai'r colomennod yn hedfan i'r Fenni ac i leoliadau eraill o amgylch Cymru. Ambell waith, hedfanai'r colomennod i'r Amwythig, Henffordd a hyd yn oed mor bell â Thurso a Lerwick, yn yr Alban. Bydda' i bob amser yn cofio sŵn Dad yn ysgwyd y tun llawn corn, yn ceisio cael y colomennod i lawr o'r to – er mwyn gallu cofrestru eu hamserau'n cyrraedd 'nôl.

Pan fyddai ffrindiau Dad yn ymweld â'i ardd, bydden nhw bob amser yn edmygu ei rosynnau a'i ffiwsias. Byddai'n ymfalchïo'n fawr yn y gwaith o'u tocio a'u gwylio'n tyfu. Dw i'n dal i gofio ei hoff rosynnau, fel *Peace, Percy Thrower* (oedd wedi'i enwi ar ôl y garddwr a'r cyflwynydd teledu enwog) ac *Iceberg*; ac enwau'r ffiwsias hefyd, megis *Voodoo*,

Dancing Flame a *Celia Smedley*. Weithiau, byddwn i'n mynd i sioeau ffiwsias ac i'r clwb ffiwsia gyda Dad. Roedd e'n dwlu ar arddio. Byddai'n tyfu llwyni a phlanhigion o bob lliw a llun, gyda rhai o'r planhigion rhyfedd yn edrych fel rhywbeth allan o *Jurassic Park*. Ond, fe ddywedwn i – heb amheuaeth – taw hoff blanhigion Dad yn yr ardd oedd y wisteria, a oedd yn fy atgoffa o erddi crog Babylon; a hefyd y goeden *acer*, a fyddai wedi cael ei hedmygu yng ngerddi ffurfiol Japan. Cofiwch, roedd Dad wedi dod o Jamaica, gwlad yr haul a'r môr glas. Felly, i'w atgoffa o gartref, tyfodd ddwy goeden banana.

Bob prynhawn Sul, fe âi Dad i Farchnad Sblot i grwydro o gwmpas y farchnad ac i gloncian gyda'r stondinwyr. Byddai'n dod o hyd i ford ger y fan byrger, yn prynu paned o goffi, ac yna'n ceisio datrys holl broblemau'r byd gyda'r bechgyn oedd hefyd yn eistedd yno. Roedd e'n hoff iawn o'r tynnu coes, ac yn hoff o roi ei farn, boed eisiau hi neu beidio; byddai e'n arfer f'atgoffa i o frenin pan fyddwn i'n arfer mynd gydag e, gan ei fod bob amser eisiau sylw.

Aeth Dad erioed i'r ysgol neu'r brifysgol i ddysgu crefft – yn y bôn oherwydd nad oedd ganddo fe'r arian. Ond, hefyd, roedd yn well ganddo fe ddysgu ei hun trwy ddarllen neu wylio eraill. Fe gadwai Dad bysgod *koi carp*, gan ddylunio ac adeiladu pwll ar eu cyfer; ac, yn ogystal, adeiladodd system hidlo gywrain fel bod y dŵr yn lân, er mwyn iddo allu edmygu ei garp annwyl. Roedd Dad hefyd yn aelod o'r *British Koi-Keepers Society*. Byddai llawer o aelodau'n ymweld â'i bwll i weld y *koi* ysblennydd. Roedd ganddo ffrind gorau o'r enw Doc Graham; tatŵydd a chanddo siop ar Stryd Tudur, yng Nghaerdydd, dw i'n credu. Aeth Doc Graham i Japan i brynu *koi*, a thra roedd e yno, prynodd *koi* i Dad hefyd. Mae'n dod â gwên i fy wyneb wrth gofio sut roedden nhw'n ffrindiau mor dda.

Fel y dywedais i, roedd Dad yn hoff o arddio, ac fel fe, mae gen innau "fysedd gwyrddion". Rydw innau hefyd yn dwlu ar ffiwsias, ac wedi bod yn eu tyfu nhw ers blynyddoedd – mathau roedd yntau hefyd yn eu hoffi megis *Celia Smedley*, *Voodoo*, *Barbara* a hefyd *Dancing Flame*.

Amser maith yn ôl, roedd Dad yn arfer bod yn berchen ar Robin Reliant o'r enw "Betsy", car tair olwyn wedi'i wneud o wydr ffeibr. Tybed faint ohonoch chi ddarllenwyr, o oedran arbennig, sy'n eu cofio neu a oedd hyd yn oed yn berchen un?

Yn anffodus bu farw "Betsy" mewn damwain car; fe syrthiodd yn ddarnau. Fel y gwyddom ni i gyd, tydy gwydr ffibr ddim cyn gryfed â dur, ond roedd e'n llawer rhatach yn y dyddiau hynny.

Roedd Dad yn feddyliwr dwfn, a doedd e ddim yn hapus gyda chyflwr y byd: y rhyfeloedd, newyn ac erchyllter dynoliaeth yn gyffredinol. Dyna pam yr ymunodd e â'r Gymdeithas Theosoffaidd, i geisio deall a datrys rhai o'r problemau sy'n wynebu'n byd a chyd-aelodau'n cymdeithas. Treuliodd Dad dri mis gyda'r gymdeithas, cyn iddyn nhw ofyn iddo fe adael. Pam felly? Oherwydd doedd yr aelodau eraill ddim yn cytuno â'i safbwynt e...

Flynyddoedd lawer yn ôl, cafodd Dad sgwrs gyda rhai Mormoniaid; roedd yr hyn oedd ganddyn nhw i'w ddweud yn ei boeni fe. Yn ôl yr unigolion hynny, roedd rhai bodau dynol yn well nag eraill; wrth gwrs, roedd hyn yn golygu hefyd bod rhai yn gorfod bod yn israddol. Y sylwadau negyddol hynny oedd y sbardun i Dad ysgrifennu ei athroniaeth ei hun, sef **SOLO**. Treuliodd amser hir iawn yn ysgrifennu, ac yn ail ysgrifennu, ei lawysgrif. A dweud y gwir, fe gadwodd y dasg yma fe'n fyw a rhoddodd bwrpas iddo ar ôl i'w annwyl Shirley farw.

Pan fyddwn i'n arfer ymweld â Dad, byddai bob amser

yn gofyn fy marn am ei lawysgrif ac am unrhyw wallau gramadegol. Pan oedd Dad yn hapus gyda'i waith, byddai'n mynd allan i strydoedd Caerdydd i bregethu am SOLO, yn union fel unrhyw bregethwr arall. Doedd llawer o bobl ddim yn deall SOLO, roedd yn rhy ddwfn iddyn nhw; rhai'n ei ddeall, neu'n dweud eu bod yn deall, a rhai yn ei anwybyddu neu'n osgoi Dad. Ond chafodd e ddim ei ddigalonni.

Tybed beth yw'ch safbwyntiau chi am SOLO? Dyma rai enghreifftiau i'w hystyried:

> *Solo, our creator is the supreme being of wisdom, the originator of all living entities.*
>
> *The alphabet is the genesis for humanity to follow the creator, objectively coming together for wisdom.*
>
> *Every letter of the alphabet is unique, and so is every human being in their tribes. It is when the letters are put together, united, forming words, that they are understood; and so shall be the human tribes when they are united – governing, sharing, no rivalry, and being inspired with the incentive of the creator and its awareness accepted.*

Wrth glywed neu ddarllen geiriau fel hyn, dw i'n amau bod rhai pobl yn meddwl bod Dad yn wallgof. Yn bersonol, dw i ddim yn meddwl bod pobl yn barod amdanyn nhw ar y pryd.

Y Canwr a'r Diddanwr

Cafodd Dad ei eni yn 1928, ac roedd wrth ei fodd yn canu ac yn gwrando ar gerddoriaeth ei gyfnod. Un o'i hoff leisiau oedd y bas-bariton Paul Robeson, o'r Unol Daleithiau, a wnaeth ymddangos a chanu mewn ffilmiau wedi'u lleoli yng Nghymru, megis *Proud Valley*. Ffefrynnau Dad oedd caneuon megis *'Ol' Man River', 'No Other Love But Mine', 'Oh, What a Beautiful Mornin"* a *'Fly Me to the Moon'*. Fe allech chi bob amser ei glywed e'n canu un o'r rhain o gwmpas y tŷ. Dywedodd Dad wrthym ni y byddai'n arfer canu yn rhai o glybiau cymdeithasol y cymoedd. Pan ofynnon ni iddo pam y gwnaeth e stopio, yr ateb oedd, "Chi, y plant."

Wrth i amser fynd heibio, penderfynodd Dad ddod â'i gerddoriaeth i bobl Caerdydd, ble byddai'n canu y tu allan i *Tesco*, *Sainsbury's*, yng Nghanolfan Dewi Sant, y tu allan i *Debenhams* ac ym Mharc y Rhath. Roedd llawer o bobl, o Gaerdydd a thu hwnt, wrth eu boddau'n clywed Dad yn canu ac yn diddanu – gyda'i agwedd bositif a'i wên yn pelydru. Daeth Dad yn enwog, a daeth llawer o bobl Caerdydd a rhannau eraill o Gymru i'w adnabod. Buodd unwaith yn canu gyda Patti Flynn – merch o Dre-biwt – yng Nghanolfan Gymunedol Tre-biwt, heb sôn am farchnad Sblot. Cafodd hefyd wahoddiad hyd yn oed i ymddangos ar *Britain's Got Talent*. Ymddangosodd Dad ar *Wales Online*, *YouTube* a'r BBC i siarad am ei gerddoriaeth, ei athroniaeth ar fywyd a hefyd am yr hiliaeth a wynebodd pan ddaeth i Brydain.

Fel y soniais i, roedd Dad yn ddyn chwerw a blin iawn pan ddaeth i Brydain, oherwydd iddo orfod dioddef llawer o hiliaeth – yn enwedig yn Lloegr. Ond, doedd pethau ddim yn wael i gyd: dywedodd Dad wrthym ni fod pobl Cymru, ar y cyfan, yn hapusach ac yn fwy croesawgar na phobl Lloegr. Un diwrnod, fe wnaeth e adrodd hanes profiad positif iawn a gafodd yn Y Fenni – a newidiodd ei feddwl am bobl wyn. Roedd gan Dad feic modur *Triumph* y dyddiau hynny, ac un diwrnod roedd e'n gyrru yn Y Fenni, pan gafodd ei deiar bynctsiar. Roedd ar ei ben ei hun yng nghefn gwlad. Wrth gerdded gyda'i feic i geisio dod o hyd i'r garej agosaf, gwelodd ddyn oedd yn gyrru lori fach. Yn ei dro, fe welodd e Dad; stopiodd a chynigiodd roi'r beic yng nghefn ei lori, ac aeth ag ef i'r garej agosaf lle cafodd y twll yn y teiar ei drwsio. Dw i'n credu bod y profiad hwn wedi newid canfyddiad Dad o bobl wyn, gan iddo sylweddoli nad oedd bob person gwyn yn hiliol.

Y Genhedlaeth Windrush Hŷn

Ystyriwyd Dad yn un o'r rhai cyntaf oedd yn perthyn i Genhedlaeth Windrush, er i'r llong yr oedd ar ei bwrdd – yr *Almanzora* – gyrraedd chwe mis cyn i'r *Empire Windrush* lanio ym Mhrydain.

Dros y blynyddoedd, mae anghyfiawnder Cenhedlaeth Windrush wedi bod ar y newyddion ac ar y cyfryngau cymdeithasol. Hyd heddiw, mae rhai aelodau o'r genhedlaeth hon yn dal i aros am eu hiawndal – yr hyn a addawyd iddyn nhw gan lywodraeth Prydain. Efallai bod llywodraeth Prydain yn aros iddyn nhw farw, er mwyn osgoi talu'r iawndal. Mae'r sefyllfa'n gwneud i 'ngwaed i ferwi. Llynedd, roedd 75ain mlwyddiant cenhedlaeth y Windrush. Cafwyd gorymdaith liwgar gyda chenhedloedd o'r gymanwlad i ddathlu'r achlysur pwysig, yng nghwmni'r cyn-Brif Weinidog Mark Drakeford. Cafodd nifer o arddangosfeydd ar y testun eu tywys o amgylch Cymru, er mwyn tynnu sylw at hanes a chyfraniad y genhedlaeth hon. Ro'n i mor falch o weld poster enfawr yng Nghanolfan y Mileniwm, a lluniau Dad mewn arddangosfa yn Sain Ffagan hefyd.

Pnawniau Sul

Pan gollon ni Mam, trodd Dad yn ddyn unig. Felly, bob pnawn Sul, byddai 'mrawd Gary a finnau'n ymweld ag e – i siarad am athroniaeth; problemau'r byd; gwleidyddiaeth; ei blentyndod, ac ati.

Roedd Dad yn ddyn 'styfnig iawn; roedd bob amser yn

meddwl mai fe oedd yn gywir, ac fyddai e ddim yn hoffi i ni herio ei safbwynt. Lawer gwaith, fe adawais i'r tŷ mewn dagrau o gynddaredd a rhwystredigaeth. Weithiau, mewn eiliadau o ddicter, byddwn i'n ei alw'n "hen ffŵl" ac yn addo na fyddwn i byth yn ymweld ag e eto. Wrth gwrs, ar ôl i'r dicter gilio, byddwn i'n ymweld ag e eto – er y byddai'n fy ngyrru'n wallgof ar adegau. Ond, fe oedd fy nhad, ac ro'n i'n ei garu e. Dw i'n credu ei fod e'n mwynhau ein sgyrsiau ni; roedd yn edrych ymlaen atyn nhw. Fe wnaethon nhw ysgogi ei feddwl ac ychwanegu ychydig flynyddoedd yn rhagor at ei fywyd – a hefyd, rhoi'r cyfle iddo weld ei ddau fab, wrth gwrs.

Roedd Dad yn caru'r wyrion a'r wyresau; mae yna ddeuddeg ohonyn nhw i gyd. Roedd e wrth ei fodd yn eu cofleidio ac yn chwarae gyda nhw, ac yn eu pryfocio hefyd. Byddai yn ei elfen pan adroddai e hanesion wrthyn nhw am Jamaica. Byddai'n wên o glust i glust pan fydden nhw'n ymweld ag e. Roedden nhw'n ei gadw'n ifanc yn ei galon hefyd, dw i'n credu. Galwai fy merch Elinor yn "Miri", oherwydd ei bod yn ei atgoffa o'i fam yntau, sef Miriam.

Buodd Dad yn dioddef o glefyd siwgr am nifer o flynyddoedd; bu'n rhaid iddo roi pigiad *insulin* iddo'i hun bob dydd a chymryd samplau gwaed hefyd. Roedd yn ymwybodol iawn o iechyd; daeth yn llysieuwr ar ôl iddo ddarganfod bod cig yn cymryd diwrnod i dreulio ("pydru" yn ei eiriau e) yn eich stumog. Roedd bob amser yn pregethu i ni am bwysigrwydd deiet heb gig.

Gyda threigl amser, gwnaeth clefyd siwgr niwed i gorff Dad. Pan oedd e bron yn 94 mlwydd oed, roedd ganddo broblem gyda'i galon – a rhoddodd y meddygon bedwar stent yn ei rydweliau. O hynny ymlaen, aeth Dad yn wannach ac yn wannach. Un diwrnod, galwodd fy mrawd

Gary i fynd ag e i'r ysbyty, oherwydd ei fod yn teimlo'n wan iawn. Dw i'n cofio 'mrawd yn dweud wrtha i pa mor fregus roedd yn edrych. Yn anffodus, adawodd Dad mo'r ysbyty, a bu farw yno ar y pumed o Fawrth 2022. Roedd y teulu Howard yn canu o amgylch ei fedd wrth i'r arch gael ei gostwng i'r ddaear; dagrau'n llifo wrth i ni ganu'r geiriau, *'There's a bright golden haze on the meadow...'*, un o hoff ganeuon Dad, ar dop ein lleisiau. Gosodwyd ei arch wrth ymyl un Mam; nawr, bydden nhw gyda'i gilydd am byth.

Myfyrdodau

Mae un peth yn fy mhoeni hyd heddiw, ac yn gwneud i mi deimlo mor drist dros Dad. Pan ymwelon ni ag e ar ei ddiwrnod olaf, roedd e'n eistedd yn ei gadair olwyn; roedd wedi cynhyrfu'n lân ac mewn cyflwr o ddicter a rhwystredigaeth. Gofynnodd inni, "Pam na allan nhw fy nhrwsio i?" Roedd yn rhaid i mi ddweud wrtho fe nad oedd y corff dynol wedi'i gynllunio i fyw am byth. Aeth hyn yn groes i bopeth roedd e'n credu ynddo; yn ei lawysgrif SOLO, mae'n dweud y dylai dynolryw fyw am byth. Yn ôl Dad, roedd marwolaeth yn digwydd o ganlyniad i'r ffaith bod dynolryw ddim yn byw mewn cytgord gyda'i gilydd, ac yn peidio â dilyn deddf natur. Mae hyn yn gwneud i fi deimlo'n drist iawn. Gobeithio na fuodd Dad farw mewn cynddaredd; hoffwn feddwl o'r diwedd iddo farw mewn heddwch ac ymuno â Mama.

Treuliodd Dad dros saith deg mlynedd yn byw yng Nghymru. Daeth i adnabod y bobl, y diwylliant a'r wlad. Roedd Dad yn caru pobl yn gyffredinol, dim ots pa liw.

Daeth llawenydd mawr iddo, drwy ganu iddyn nhw a'u diddanu. Hoffwn feddwl bod Dad wedi cyfoethogi bywydau pobl Cymru, ac wedi dod ag ychydig o heulwen i'w bywydau.

Dad, lle bynnag yr wyt ti, gobeithio bod holl gyfrinachau'r bydysawd wedi'u datgelu iti, a dy fod di mewn heddwch o'r diwedd. Dw i'n dy garu di, Dad.

F'arddegau

Fe es i i Ysgol Uwchradd Caercastell, lle roedd wynebau duon yn brin. Ro'n i'n wrthryfelgar iawn yn f'arddegau; doedd gen i ddim diddordeb ym mhynciau'r ysgol, ac eithrio bioleg. Ro'n i'n drafferthus yn y dosbarth ac yn methu â chanolbwyntio, ac roedd hi'n hawdd tynnu fy sylw oddi ar y gwaith. Ro'n i'n casáu'r dosbarthiadau Cymraeg; gwastraff amser yn fy meddwl i, ar y pryd. Ond, rhywsut, dw i'n dal i gofio'r athrawes yn dweud, "Bore da, blant," (a ninnau'n ateb, "Bore da, Miss Williams,"); a hefyd, "Gwrandewch, sefwch, eisteddwch." Dim tan flynyddoedd lawer yn ddiweddarach y darganfyddais i fod f'athrawes i'n actores enwog – sef Myfanwy Talog, diweddar wraig yr actor enwog David Jason.

Chwaraeon

Ro'n i'n rhedwr cyflym. Dw i'n cofio Mam yn dod i 'ngweld i'n rhedeg ras yn yr ysgol gynradd – yr *100 metres dash* – ac yn gweiddi, 'Come on, Wayne!' Ddes i'n ail.

Yn f'arddegau, ro'n i'n dwlu ar chwarae criced yn y parc gyda'r bechgyn eraill. Yn yr ysgol uwchradd, ro'n i'n dwlu ar athletau: rhedeg dros y clwydi, rhedeg rasys 100 metr, hyd yn oed y naid uchel – ac mi wnes i ymuno â'r tîm rygbi hefyd, gan chwarae yn yr ail reng.

Bryd hynny, yr unig beth da am yr ysgol uwchradd – i fi – oedd chwaraeon. Pan o'n i'n hŷn, ro'n i'n mwynhau pêl-fasged a rygbi – gemau na chwaraeais i yn yr ysgol. Fel y dywedais i, doedd gen i ddim diddordeb ym mhynciau'r ysgol – felly fe adawais i heb unrhyw gymwysterau.

Y Byd Gwaith

DOEDD GADAEL YR ysgol heb gymwysterau ddim yn ddelfrydol, ond ddes i o hyd i waith. Pan o'n i'n 18 mlwydd oed, ces swydd fel prentis becar (pobydd), yn gweithio yn ffatri *Wonder Cakes*, gan fynd i'r coleg un diwrnod yr wythnos. Roedd safle *Wonder Cakes* – sef *Memory Lane Cakes* y dyddiau 'ma – yn Maes y Coed Road yn Llanisien. Yn y ffatri, byddwn i'n dysgu sut i wneud sawl math o fara a chacennau gwahanol, fel cacennau Genoa, cacennau ffansi, cacennau sbynj a chacennau mewn tuniau ar gyfer y fyddin. Prentisiaeth i fod yn bobydd mewn ffatri enfawr oedd hon, nid i fod yn bobydd lleol, o gwbl.

Doedd y lle ddim yn lle hawdd i weithio ynddo. Wnes i losgi fy hunan ambell waith, yn gweithio ger y ffyrnau wahanol. Roedd 'na un ffwrn o'r enw'r *travelling oven*; doedd honno ddim yn beryglus – mater o roi'r sbynjys i fewn, a bydden nhw'n dod allan yr ochr arall. Ond roedd math arall... Dychmygwch olwyn enfawr sy'n troi a throi, lle ry'ch chi'n bwydo treis o gacennau iddi i'w coginio, ac yn eu tynnu nhw allan wedyn. Felly, os nad oeddech chi'n ddigon cyflym yn tynnu'r cacennau allan, gallen nhw'ch bwrw chi ar eich breichiau; ac fe wnes i losgi fy hunan fwy nag unwaith!

Ond, do'n i ddim yno'n hir iawn – dim ond blwyddyn

– oherwydd fe wnes i ymladd gyda phrentis arall. Bwriais i fe yn ei geg, a ches i fy niswyddo.

Yn ffodus, yn y dyddiau hynny, roedd digon o waith ar gael – felly es i o swydd i swydd. Er enghraifft, gweithiais i'r *Van Heyningen Brothers*, cwmni o'r Iseldiroedd a oedd yn tyfu tomatos. Yno, roedd rhaid i mi weithio mewn tai gwydr enfawr yn tyfu a chasglu tomatos; swydd ddiflas. Fy nghyfrifoldeb i oedd tyfu'r planhigion. Newidiodd y system ar gyfer eu tyfu nhw dros amser. Ar y dechrau, roedden nhw'n eu tyfu nhw yn y ddaear, cyn newid i *fibreglass* – gan ddefnyddio *hydroponics*. Proses oedd hon lle byddai'r planhigion bach yn cael eu tyfu mewn potiau bychain; bydden ni'n defnyddio peiriant i gymysgu cemegau gwahanol (gormod yn fy marn i) i orfodi'r planhigion i dyfu'n gyflymach. Byddai 'na ddwy res o domatos yn tyfu ar ffurf bwa neu arc drwy eu clymu nhw 'da gwifrau er mwyn eu gorfodi i dyfu yn y siâp hwnnw.

Wrth i'r planhigion dyfu, byddai'n rhaid i ni eu trimio nhw a chael gwared ar *shoots* bach; pe bai gormod o'r rheini, byddai'r planhigyn tomato yn gwastraffu ei egni arnyn nhw. Ambell waith, byddai'r planhigyn yn dioddef o rywbeth o'r enw *botrytis*, a byddai'n rhaid torri'r darnau drwg i ffwrdd a rhoi triniaeth i weddill y tyfiant. Weithiau, bydden ni'n defnyddio mwg i gael gwared ar y clêr gwynion, sef *whitefly*. Doedden nhw ddim yn domatos blasus, oherwydd roedd 'na ormod o gemegion. O'n nhw'n edrych yn dda, ond doedd dim blas arnyn nhw, o gwbl.

Roedd y ffatri domatos yn rhy boeth, yn enwedig yn ystod yr haf; a chyn i mi anghofio, fe brofais i ragor o hiliaeth yno. Roeddwn i'n digwydd bod yn golchi fy nwylo cyn mynd adre, pan ddaeth un o'r goruchwylwyr i mewn. Gofynnodd i mi sut oeddwn i'n gwybod bod fy nwylo i'n lân? Aeth meddyliau ofnadwy trwy 'mhen i yr eiliad honno, ac mi ro'n i eisiau gwneud pethau ofnadwy iddo fe. Yn y pen draw, ddwedais i ddim byd, jyst cerdded allan o'r stafell folchi. Trychineb arall: fe adawais i'r swydd honno hefyd yn ddyn ifanc, blin, rhwystredig – byth i ddychwelyd.

Ro'n i'n meddwl bod y byd i gyd yn fy erbyn i; fe allwn i'n hawdd fod wedi troi at droseddu i gael dial, ond yn ffodus, ddigwyddodd hynny ddim. Wedyn, gweithiais i am dipyn yn *British Oil Seals* yn Llanisien. Roedden nhw'n gwneud *hosepipes* ar gyfer y diwydiant ceir. Er mwyn creu siâp yr *hosepipe* roedd angen defnyddio rhyw fath o ebill plastig oedd yn helpu i greu siâp y tiwb. Fy swydd i oedd ei dynnu fe allan, swydd fel *mandrel extractor* – dw i ddim yn gwybod yr enw Cymraeg. Ond, unwaith yn rhagor, fe es i'n aflonydd a gadael fanno hefyd.

Atgofion Lynda

Fe wnaethon ni gwrdd, Wayne a finnau, mewn gwersi *karate* yn null *Kyokushinkai* dan ofal Gary Bufton – oedd wedi ennill belt du. Es yno, i'w *dojo* – sef y lle hyfforddi – gyda ffrind, ac roedd y lle wedi ei drefnu fel bod modd hyfforddi a chymdeithasu. Felly, ar ôl bron bob noson o hyfforddiant, bydden ni'n mynd i far lleol – 'The Pig and Whistle' – cyn symud ymlaen i 'Monty's' ar Heol Siarl yng nghanol y ddinas. Roedd yn lle da yn gymdeithasol, a thrwy hynny y gwnes i ddechrau siarad 'da Wayne. Buon ni'n siarad am sawl mis i ddweud y gwir, gan ddarganfod bod 'na rywbeth 'na, ac felly fe wnaethon ni benderfynu rhoi siawns arni – a 'dyn ni ddim wedi edrych 'nôl byth ers hynny.

Roedd 'na densiwn rhwng Gary a Wayne, gan bod Wayne yn dod o gefndir *martial arts* o fath arall – *Lau Gar Kung Fu* – a chanddo felt brown yn y grefft honno; yntau'n dod i

Kyokushinkai ar lefel is. Roedd Gary yn hoff o ddangos taw fe oedd y *top dog*. Roedd hyn wedi bod yn mynd dan groen Wayne ers sbel, a dw i'n cofio bod allan yn cymdeithasu pan ddaeth y peth i'r wyneb. Gan amlaf, tydy Wayne ddim yn un i siarad mas – mae'n berson *passive*; ond, roedd yn teimlo taw dyma oedd y peth iawn i'w wneud ar y pryd, ac aeth pethau'n anodd – a gorfodwyd Wayne i adael y clwb. Aeth e wedyn i'r hen 'Central Boys Club' ar gornel Stryd Biwt, lle roedden nhw'n gwneud *body-building* mewn *gym* clasurol ar gyfer dynion – yn llawn hen bwysau wedi rhydu ac offer gyda theimlad dros-dro iddyn nhw. Roedd Wayne wrth ei fodd yno, oherwydd mae e'n berson disgybledig iawn; a phan mae'n penderfynu gwneud rhywbeth, mae'n gwneud hynny gant a deg y cant.

Ro'n i wastad wedi bod yn gystadleuol hefyd, ac wedi mwynhau chwaraeon yn arbennig, felly fe wnes i ddilyn Wayne yno. Chefais i ddim croeso i ddechrau, ac roedd yn rhaid aros i fy nghais ymaelodi gael ei gymeradwyo. Ond, wnaeth hynny ddim fy rhoi i *off*; rwy yma i hyfforddi, meddyliais. Ond, ar ôl sbel, wnes i ennill parch, oherwydd ro'n i'n ymarfer yn hirach ac yn galetach na llawer o'r bois yno; doedd nifer ohonyn nhw ond yn mynd 'na er mwyn edrych yn dda, a dim lot mwy.

O'n i wir yn hoffi'r ochr gystadleuol i bethau, yn debyg i Wayne, sy hefyd yn gystadleuol iawn. Roedden ni yno yn 'Central Boys' am o leiaf ddwy flynedd. Ces gefnogaeth gan rai o'r bois i gystadlu. Dw i'n cofio un o'r enw Junior yn fy ngyrru i gystadleuaeth, a dw i'n cofio fe'n dweud:

"Lind, ma'n rhaid i fi 'weud hyn. Dw i'n cofio dod mewn i'r *gym*, ac o'n i'n medru gweld dy fod di'n ymarfer. Pan welais i faint o bwysau roeddet ti'n eu codi, do'n i'n methu credu bod menyw dy faint di yn medru codi *dumbbells* 50 pwys, ac yn eu towlu nhw i 'weud y gwir!"

Wedodd e wedyn ei fod e wedi penderfynu nad oedd e'n mynd i adael i fenyw fod yn well na fe, a bod hynny wedi 'neud iddo fe fod yn benderfynol o dreinio'n galetach fyth. Doedd nifer o'r dynion yno ddim yn dangos y parch tuag ata' i ro'n i'n teimlo 'mod i'n ei haeddu. Wnaeth hynny 'neud i mi fod yn fwy penderfynol fyth.

Ddes i'n ail yng nghystadleuaeth *Miss Wales*. Ry'n ni'n deall pethau'n well y dyddiau 'ma, ond mae'n lot mwy i 'neud gyda deiet nag ymarfer corff. O'n i'n ymarfer chwe diwrnod yr wythnos, ond beth oedd yn allweddol oedd y deiet. Mae adeiladu'r corff yn waith caled, yn gorfforol ac yn emosiynol. O'n i'n gryf yn feddyliol ar y pryd, gyda rhywbeth yn fy ngyrru 'mlaen; o'n i'n dwlu ar gystadlu, ac yn medru edrych ar bobl yn bwyta prydau mawr tra 'mod i'n pigo ar salad. O'dd hynny'n rhan fawr o'r cysylltiad rhwng Wayne a finnau, oherwydd roedd y ddau ohonom ni'n mwynhau cystadlu gymaint – wastad eisiau mynd un cam ymhellach. Ma hynny 'da chi pan ry'ch chi'n ifanc, ma 'da chi'r math 'ny o egni.

Yn y pen draw, daeth yn bryd i ni gwrdd â'r rhieni. Wnes i gwrdd â rhai Wayne yn gyntaf. Wnes i dyfu lan yn Sblot, ac roedd Mam yn gweithio mewn clwb nos o'r enw 'Juno's' – *strip club* ar dop Stryd Bute. Ei ffrind hi yno oedd Eugene Innocence, dyn du mawr oedd yn gweithio fel *security guard*; a dyma'r tro cynta i fi gwrdd â pherson o liw. Dw i'n cofio mynd yno fel plentyn ac edrych arno fe, gan feddwl: mae e'n ddu; oherwydd ro'n i wedi tyfu lan mewn cymuned o bobl wyn. Ei wraig Suzie oedd y *stripper* yn y lle, ond roedd hi'n dod draw i'r tŷ yn aml – a byddai hi a Mam yn gweu ac yn coginio gyda'i gilydd.

Pan gwrddais â Wayne, roedden ni'n fwy o ffrindiau nag o gwpwl i ddechrau. O'n i wedi bod draw i dŷ ei rieni fe ambell waith, ond fel aelod arall o'r clwb, neu ffrind, nid fel cariad. Roedd Mam a 'nhad yn gwybod am Wayne. Pan wnaethon ni benderfynu ein bod ni am roi cynnig arni, roedd yn digwydd bod fod ffrind i Mam wedi 'ngweld i'n y dre gyda Wayne – ac fe wnaeth hi sioe fawr o ddweud wrth Mam ei fod e'n ddu. Felly, fe ofynnodd Mam i fi pam nad o'n i wedi dweud bod Wayne yn ddu. Fe wnes i ymateb gan ddweud, "Pam ddylwn i? Petai e'n wyn, fyddwn i wedi dweud ei fod e'n ddyn gwyn? Oes 'na wahaniaeth?" O'n i wastad yn teimlo'n gryf ynglŷn â hyn. Mae pobl yn barnu'n hawdd ac yn gloi. Du neu wyn, roedd e'n berson – yn unigolyn; yn fod dynol a oedd yn anadlu, yn bwyta, yn cysgu, yn gwaedu yn union fel fi. Pam, felly, roedd yn rhaid i mi ei labelu yn y fath fodd?

'Wedodd Mam, "*Fair dos*, ond gawn ni gwrdd ag e?"

'Wedais i bod hynny'n iawn, ond aeth Wayne i banig. Wnaethon ni drefnu i gwrdd yn y dre, ond doedd dim golwg ohono fe yn y man cwrdd. Es i ar y bws, a dyna ble roedd e. O'dd e wedi cael peint neu ddau er mwyn cael *Dutch courage*. Ond, o feddwl 'nôl, roedd Wayne wedi cael ambell brofiad anodd cyn hynny, oherwydd rhagfarn ac atgasedd ar gownt y ffaith ei fod e'n ddu. O'n i wedi dweud wrth Mam bod dim angen i ni i gyd eistedd lawr yn ffurfiol o gwmpas y ford. Ro'n nhw'n mynd mas am y noson, ta p'un. Ro'n ni 'na am ryw awren. Ro'dd Dad, Tony wedi disgwyl i rywun a oedd yn edrych fel Bob Marley gerdded drwy'r drws, ond dd'ethon nhw 'mlaen yn wych, a doedd dim edrych 'nôl.

Fe dyfais i lan fel Catholig; a phan ro'n i'n 16 oed, do'n i ddim yn hoffi cael addysg Gatholig. Felly, 'wedais i wrth fy rhieni nad o'n i'n bwriadu mynd i'r eglwys ddim mwy. O'n i jest yn bod yn llet'with, fi'n credu. Nes ymlaen – wedi i Wayne a finnau fod gyda'n gilydd am flynydde – ro'n i'n dal yn hen ffasiwn ac yn meddwl, wel, os y'n ni'n mynd i gael plant, fe ddylen ni fod yn briod.

O'dd Wayne a finnau'n digwydd bod mas yn y Bahamas, lle roedd ffrindiau i ni'n gweithio. Dyma un ohonyn nhw'n gofyn, "Pam na wnewch chi ddyweddïo mas 'ma?" ac roedd hynny'n swnio fel syniad da. Aethon ni mas a phrynu modrwy ddyweddïo mewn siop yn Nassau, 'nôl yn 1986, lle roedd 'na ddyn arfog gyda dryll yn sefyll wrth y drws. Yna, un diwrnod, dyma Wayne yn awgrymu ein bod ni'n priodi mas 'na hefyd; gan ddweud na fydden ni'n priodi mewn eglwys gartref ta p'un, oherwydd 'mod i wedi troi 'nghefn ar yr eglwys, a Wayne yn atheist. Ond, do'n i ddim eisiau priodi mewn swyddfa gofrestru chwaith, ond dyna a wnaethon ni. Oherwydd taw yn y Caribî oedd hyn – lle mae amser yn wahanol – trodd un o'r gloch yn dri o'r gloch, ac roedd e'n ddiwrnod digon anrhamantus a dweud y gwir. Doedd gen i ddim ffrog, felly fe wnaeth fy ffrind roi menthyg un i mi. Fe gawson ni'n priodi, a chawson ni frecwast priodas hyfryd wrth ymyl y môr; yna, fe aethon ni i weld ein mab bedydd yn nrama'r Geni, oherwydd taw mis Rhagfyr oedd hi. O edrych 'nôl, roedd e'n benderfyniad cywir.

Pan ddaethon ni adre, ro'n i'n ofni dweud wrth fy rhieni; ro'n i'n difaru nad oedden nhw yno, a Mam-gu hefyd, a oedd yn dal yn fyw ar y pryd. O ran teulu Wayne – wel – roedd e'n un o wyth, felly ymateb ei fam oedd, "Nawr bod 'da chi fe, dw i ddim eisiau fe 'nôl!"

Dw i'n cofio'r tro cyntaf i fi gwrdd â Neville, tad Wayne; doedd gen i ddim syniad beth oedd e'n ei ddweud – yn methu â deall 'run gair, oherwydd bod ei acen mor gryf. O'n i'n eistedd 'na yn dweud, "Yes Mr Howard, no Mr Howard." O'dd e'n ddyn strict, ac roedd ganddo bresenoldeb pendant – ac roedd e'n ddyn mawr yn ogystal. Roedd e'n eitha' *intimidating* am sbel. Dros y blynyddoedd, wnaeth e feddalu fel menyn; ac o safbwynt ein plant, roedd e'n grêt. Ond, am gwpwl o flynyddoedd, o'dd hi'n anodd teimlo'n gyfforddus yn ei gwmni. Doedd Neville ddim yn ddyn confensiynol. Ecsentrig yw'r gair. Mae ambell elfen debyg yn Wayne. Pan ddechreuais i fynd mas 'da Wayne, roedden ni mewn clwb nos, a dw i'n ei gofio fe'n gofyn i fi eistedd i lawr – er mwyn iddo fe gael dawnsio ar ei ben ei hun. Edrychais i arno fe fel tase ganddo fe ddau ben. 'Nôl bryd hynny, roedd popeth yn ymwneud â chydymffurfio a delwedd; ond, tydy Wayne ddim yn hoff o'r gair cydymffurfio – dyw e ddim yn derbyn y syniad, ddim hyd yn oed yn ei gydnabod. Mae Wayne yn gwneud beth mae Wayne eisiau 'i wneud. Wrth i'r blynyddoedd basio, buodd 'na dân gwyllt rhyngom ni ambell waith oherwydd yr agwedd 'na o'i gymeriad.

Roedd bois y gwaith dur yn awyddus i gwrdd â fi – eisiau gwybod pwy oedd y fenyw 'ma oedd wedi dofi Wayne. Fe gawson ni amser gwych yn gymdeithasol 'da nhw. Un tro, roedden ni'n mynd i'r rasys ceffylau. Doedd hi ddim yn hawdd i Wayne ddod o hyd i 'sgidiau a thrwseri, oherwydd ei faint, ond roedd ganddo fe bâr o *platform soles*. O'dd e mor, mor ddoniol – gyda fflêrs ar ben hynny! Allwch chi ddychmygu? O'dden ni'n mynd i'r rasys, ac o'dd e'n gwisgo hen bâr o jîns mochedd; do'dd dim ots 'da fe o gwbl. 'Wedais i wrtho fe na allai e fynd i'r rasys yn edrych fel 'ny. O'dd hefyd 'da fe festiau i'w gwisgo dan ei grys, ac o'dd ambell un 'da marciau llosg arnyn nhw; 'wedais i 'tho fe na allai e wisgo'r rhain chwaith! Erbyn hyn, mae e wedi meddalu, ond dw i'n credu – oherwydd bod ei Dad yn ddyn mor strict – fe wnaeth Wayne wrthryfela'n fawr. Cyn gynted ag yr oedd yn ddigon hen, gwnâi beth a fynnai.

Addysg y Plant

Roedd penderfynu ar addysg y plant yn bwysig yn ein bywydau. Dw i ddim yn credu mewn ysgolion ffydd. Dw i yn credu y dylai crefydd fod yn bwnc yn yr ysgol, ond tydw i ddim yn credu y dylai'r addysg fod yn seiliedig ar eich cred. Roedd ysgol eglwysig arbennig o dda yn Llaneirwg, ond roedden ni hefyd yn gwybod am yr ysgol Gymraeg. Un rheswm am wyro tuag at yr ysgol Gymraeg oedd bod fy mrawd – oedd yn *painter and decorator* – wedi ceisio am swydd gyda'r BBC, ond heb lwyddo i'w chael oherwydd nad oedd e'n medru'r Gymraeg.

Roedd gan yr ysgol Gymraeg enw da. Ar y pryd, roedd Wayne wedi bod yn astudio Almaeneg fel hobi; roedd ganddo ddawn gyda ieithoedd ac yn medru dysgu'n gloi. Wnaethon ni drafod pethau a phenderfynu taw'r ysgol Gymraeg oedd y ffordd ymlaen. Fe gawson ni gyfarfod gyda'r prifathro, a chael yr argraff y byddai addysg yno yn agor drysau; a dyma ni, flynyddoedd yn ddiweddarach – ac mae hi wedi agor drysau.

Bywyd nawr:
Llaneirwg a Trowbridge

PRYNODD LYNDA A finnau ein cartref cyntaf mewn Parc Treftadaeth yn Llaneirwg; tŷ teras bach gyda dwy stafell wely. Roedden ni'n byw mewn *cul de sac* bach, ac roedd hi'n dawel iawn; a thu hwnt i'n tŷ ni roedd yna goedwig fach. Roedd fy chwaer Dawn yn byw'n agos, yn rhif 178, a ninnau yn 175. Bydden ni'n gweld Dawn bob yn awr ac yn y man, a byddai'r bechgyn ifainc yn arfer dod draw i chwarae gyda'n ci Rufus. Byddai gweddill ein cymdogion yn cadw atyn nhw'u hunain, fwy neu lai.

Roedd Lynda yn feichiog gyda Connagh yn 1992, ac felly fe symudon ni i 12 Glandovey Grove, Trowbridge – tŷ sengl bach, tair llofft. Dw i'n cofio ei fod yn gyfnod llawn straen; roedd Connagh newydd ei eni, a bu'n rhaid i ni symud i'n tŷ newydd yr un diwrnod. Roedd yn rhaid imi symud ein holl eiddo i'r lawnt o flaen ein hen dŷ, yn barod i gael ei symud i'n tŷ newydd; nid y cychwyn delfrydol a dweud y lleiaf. Er na chawson ni unrhyw broblemau yn byw yn Llaneirwg, roedd yna ardaloedd eraill lle bu rhywfaint o droseddu, a chanran uchel iawn o famau sengl a phobl yn ddibynnol ar fudd-daliadau hefyd.

Mae Lynda a finnau wedi bod yn byw yn 12 Glandovey

Grove ers tri deg dau o flynyddoedd bellach. Mae llannerch fach o flaen ein tŷ, ac fel y Parc Treftadaeth, mae'n ardal dawel iawn. Yn gyffredinol, mae'r cymdogion yn cadw'u hunain iddyn nhw'u hunain, ond mae rhai ohonom ni'n siarad yn achlysurol ac yn torri gair gyda'n cyd-gymdogion. Mae rhai rhannau o ardal Trowbridge yn debyg i Laneirwg; mae rhywfaint o droseddu yn yr ardal, llawer o dlodi a chaledi hefyd. Bob nos Iau a bore Gwener, mae'r 'Pantri' yn cael ei gynnal yn y ganolfan gymunedol leol; yno, gall y bobl leol sy â phroblemau ariannol brynu bwyd gwerth ugain punt am bum punt, yn ogystal â derbyn cyngor dinasyddol, a chymdeithasu.

Mae rhai siopau cyfagos megis y *Spar*, y fferyllfa, siop elusen a siop trin gwallt. Gyferbyn â'r siopau, mae'r dafarn leol – Tafarn y Bont Newydd. Mae hi wedi'i chau i lawr bellach oherwydd trais, a hefyd y ffaith bod cyffuriau'n cael eu gwerthu yn y lle. Mae Cymdeithas Tai Cymunedol Caerdydd yn bwriadu defnyddio'r tir i adeiladu 34 o dai cymdeithasol newydd i'w rhentu. Er bod gan Trowbridge ei phroblemau, dw i'n hoffi byw yn yr ardal; mae rhai o'r bobl yn gallu bod yn anodd, ond eto, maen nhw'n wynebu amgylchiadau caled. Ar y cyfan, byddwn i'n dweud bod pobl Trowbridge yn gyfeillgar.

O, ie! Un peth pwysig iawn yr anghofiais i ei grybwyll yw bod yna ysgol gynradd Gymraeg yn yr ardal, sef Ysgol Pen Y Pîl. Fe wnes i rywfaint o waith gwirfoddol yno, gan helpu'r plant i ddarllen.

Fy Merch

Ganed fy merch ar Awst 5ed 1995. Ro'n i a Lynda eisiau rhoi enw Cymraeg iddi, felly fe ddewison ni Elinor. Mynychodd Elinor Ysgol Gymraeg Bro Eirwg ac Ysgol Gyfun Gymraeg Glantaf. Yn wahanol i Connagh, gadawodd Elinor yr ysgol yn un ar bymtheg. Pan oedd hi'n ddeunaw, aeth yn brentis i *Howdens Joinery*. Ddeng mlynedd yn ddiweddarach, mae hi'n un o'r dylunwyr cegin yn *Howdens* yng Nghasnewydd.

Fel unrhyw Dad, dw i'n amddiffynnol iawn o fy merch; dw i'n ei charu'n fawr a dw i'n falch o'r hyn y mae hi wedi'i gyflawni hyd yn hyn. Gyda chymorth y teulu Howard, llwyddodd Elinor i brynu tŷ Dad. Mae'r teulu cyfan yn hapus bod y lle'n cael aros yn nwylo'r teulu yn hirach.

Elinor: Dw i wastad yn cofio Dydd San Steffan yn y tŷ hwn, yn enwedig pan oedd Nan yn dal yn fyw. Byddai'r teulu i gyd yn dod draw – llond y lle. Byddai cymaint ohonom ni, byddai'n rhaid i ni gael ein bwyd mewn *sittings*! Ie, unwaith y flwyddyn, byddai pawb yn dod at ei gilydd. Mae Dad yn un o wyth o blant, ac yna byddai deuddeg o wyrion – a phartneriaid pawb yn ogystal; felly, roedd hi'n aelwyd brysur iawn, iawn, a byddai Nan a Gramps wrth eu boddau. Tŷ llawn ar y naw. Rhai o fy hoff atgofion yw pan fyddai fy anti yn dod lawr i goginio bwyd o'r Caribî – pethau fel reis a phys, *saltfish* ac *ackee*... Roedd yn ffordd o fynd â Grampy 'nôl adre mewn un ystyr, oherwydd dyma'r math o fwyd y byddai e wedi'i fwyta 'nôl yn Jamaica. Yn anffodus, unwaith y bu farw Nan, ddigwyddodd y peth ddim eto – hi oedd canolbwynt y dathlu teuluol. Hi oedd gliw y teulu.

Mae Elinor a finnau'n siarad Cymraeg yn gyson, gan nad ydw i eisiau iddi golli'r iaith. Efallai y byddai hi'n cyfaddef wrthych ei hun bod ei Chymraeg braidd yn rhydlyd, er iddi ymddangos ar sioe Gymraeg a Saesneg ar y teledu rai blynyddoedd yn ôl. Gobeithio y bydd hi'n cael mwy o gyfleoedd i ddefnyddio ei Chymraeg yn y dyfodol, yn union fel Connagh, ei brawd.

Mae Elinor wedi tyfu lan yn gwrando ar fiwsig ei thad, ac yn gwybod pa mor bwysig yw cerddoriaeth yn fy mywyd i. Mae hi'n cofio clywed sawl math o fiwsig yn y tŷ: *Motown* a *Reggae*; artistiaid fel Bob Marley; ac mae 'na un gân yn arbennig, *'Make it Bun Dem'* gan Damian Marley a Skrillex. Roedd 'na ambell gân oedd yn fwy egnïol fyth!

Yn aml, pan fydda i'n mynd draw i'r tŷ, bydd e yno'n dawnsio wrth goginio – gyda'r miwsig yn blastio mas o'r gegin. Neu, ar ddyddiau Sul – pan o'n i'n byw yn y tŷ – byddai'r miwsig lan yn uchel a byddai Dad yn dawnsio i lawr llawr, neu yn yr ardd. Ac er bod pobl yn cerdded heibio yn ei watsio fe, doedd e ddim yn becso o gwbl. Fe yw canolbwynt unrhyw barti, mae hynny'n sicr.

Mae e'n ddyn cariadus iawn, ac mae e wastad yn dweud cymaint mae e'n fy ngharu i. Mae Mam yn dweud y byddai'n neis 'taswn i'n cwrdd â rhywun, ond dw i ddim yn mynd i ruthro, oherwydd dw i'n edrych am yr hyn sydd gan y ddau ohonyn nhw. Mae Mam yn gryf iawn, a dw i'n credu bod peth o hynny wedi dylanwadu ar Dad. Ond, mae angen cryfder meddyliol i wella ar ôl pyliau o iselder dwys. Dw i wedi dysgu, gan y ddau, eich bod chi'n gryfach nag ydych chi'n ei feddwl. Mae Dad, hefyd, wedi dangos i fi sut i ddangos parch at eraill.

Dw i'n prowd iawn o'r ffordd y gwnaeth Dad fynd 'nôl i fyd addysg – 'sdim lot o bobl yn mynd i'r brifysgol yn 50 mlwydd oed. O'dd e mor wahanol i'r gwaith dur. Mae gen i sawl ffrind y gwnaeth Dad ei ddysgu yn yr ysgol; a phan o'n nhw'n darganfod taw fi oedd ei ferch e, bydden nhw'n dweud, "O, Mr Howard! Fe oedd fy hoff athro. Byddai e'n dod i mewn i'r dosbarth yn chwarae tamborîn bach ac yn canu cân. Roedd e'n medru cysylltu'n uniongyrchol gyda phobl ifanc, pobl yr oedran 'ny – oherwydd mai plentyn yw e ei hun, yn ei galon."

Mae Lynda'n gweld perthynas dda rhwng Wayne ac Elinor:

Ar y foment, mae Elinor yn cael gwersi actio fel hobi. Mae hi'n artistig iawn. Mae hi'n sgetsio'n wych; mae hi'n medru paentio; mae hi'n dwlu ar ganu; felly, mae ganddi'r elfen honno yn rhan o'i phersonoliaeth. Ond, mae hi'n berson tawel; mae hynny'n wir am Elinor a Connagh mewn gwirionedd. Fe gafodd hi lot o broblemau wrth dyfu lan – problemau iechyd yn effeithio ar ei chlustiau. Byddai Connagh yn cael gwersi nofio, ond allai Elinor ddim – oherwydd ei chlustiau. Petai hi wedi cael y cyfle, byddai hi wedi rhagori – oherwydd roedd hi wrth ei bodd yn nofio. Tydy hi ddim mor *sporty* â Connagh, ond mae hi'n fwy artistig.

Mae hi'n caru ei thad. Byddai Wayne yn arfer cynnal *rave* ar gyfer y plant, a byddai Elinor yn dwlu ar ddawnsio gan sefyll ar ei draed. Yna, byddai'n cael *rough and tumble* 'da Connagh ac yna'r un peth 'da Elinor. Mae Wayne wastad wedi bod ychydig bach fel plentyn, ac yn mwynhau chwarae 'da'r plant. Mae e fel y *Pied Piper* 'da phlant. Ar un adeg, roedd e'n hyfforddwr rygbi, a byddai'n dweud wrth y bois ifanc bod eisiau iddyn nhw fynd drwy'r amddiffyn fel cyllell drwy fenyn – yn eu hysbrydoli nhw. Oedd gan un bachgen broblem gyda'i dymer ac fe gafodd Wayne air 'da fe, gan argymell bod yn bositif; a dyma'r crwt yn ateb, "Ie, dw i'n gwbod – fel cyllell drwy fenyn!"

Roedden ni'n arfer mynd ar dripiau rygbi, ac os oedd angen rhywun i wirfoddoli i wneud rhywbeth, yna Wayne fyddai'r cyntaf i roi ei law i fyny. Ar un trip, i rywle fel Ipswich, fe wnaeth e greu ei *haka* ei hun. Aeth e mas ar y cae gan ddweud, 'Reit bois, ry'n ni'n mynd i neud yr *haka*' – gan wneud fersiwn Gymreig o'r ddawns eiconig. Roedd pawb yn rowlio chwerthin, ond roedd Wayne yn gwneud beth roedd Wayne eisiau 'i wneud. Dro arall, cafodd pawb eu gorfodi i wneud lap yn eu dillad isaf. Wrth gwblhau'r lap, dyma griw yn ymosod ar Wayne, gan geisio tynnu ei bants i ffwrdd; gydag Elinor yn gweiddi arnyn nhw i adael llonydd i'w thad, a hithau'r ferch fach am ymladd yn eu herbyn nhw i gyd.

Gwrddais i â rhywun ddoe oedd yn arfer mynd i'r dafarn 'ma o'r enw y *'Balaclava'*, yn Marshfield, lle bydden ni'n cwrdd â phobol hyfryd. Bydden nhw'n aml yn tynnu coes Wayne, neu'n chwarae ryw dric... "Nawr te Wayne, ry'n ni'n mynd i gael cystadleuaeth fach." "Cystadleuaeth?!" Dyna air sy wastad yn sbarduno Wayne. Mae e'n byw i gystadlu mewn unrhyw ffordd.

Miwsig fy Mywyd

MAE CERDDORIAETH O bob math wedi bod yn ganolog yn fy mywyd i, felly dyma restr o ddeg o fy hoff ganeuon – fy hoff ganeuon ar y funud, beth bynnag. Efallai y bydden nhw'n wahanol fory...

1. *'Song Of The Wind'* gan Carlos Santana.
Pan fydda i'n gwrando ar y gân hon, dw i'n cael fy nghludo i fyd o gerddoriaeth gitâr sy'n llifo; byd o freuddwydion hardd, sy'n llawn hiraeth am baradwys a gwynfyd tragwyddol.

2. *'I'm The One Who Loves You'* eto gan y gitarydd Santana. Mi fydda i'n meddwl am fy chwaer yng nghyfraith Julie a brynodd yr albwm i mi amser maith yn ôl. Dw i wrth fy modd â churiad tempo y gân hon, a chyda'r geiriau. Nid yn unig hynny, dyma stori dyn sy eisiau bod gyda'r fenyw y mae'n ei charu. Efallai 'mod i'n rhamantaidd yn y bôn?

3. *'It's A Kind Of Magic'* gan Queen.
Dw i'n hoffi cerddoriaeth Queen yn gyffredinol, ac fe welais i nhw ym Mharc Knebworth flynyddoedd lawer yn ôl. Dw i wrth fy modd â'r gerddoriaeth, ac mae'r geiriau'n fy ysbrydoli i; maen nhw'n mynd â fi i wlad o bŵer, hud a thynged. Ac wrth gwrs, mae

geiriau'r gân yn dweud mai ond un sy'n gallu bod. Pwy yw'r un? *'There can be only one...'* Dyma sut maen nhw'n disgrifio'r Albanwr Connor MacLeod, sef yr *Highlander* yn y ffilm a'r cyfresi teledu. Fel fy mab Connagh, dim ond un all fod. Yn ystod y pandemig, ro'n i eisiau ysbrydoli pobl; felly, fe wnes i ffilmio fy hun yn dawnsio i'r gân hon, i ysbrydoli fy mab a phobl eraill, ac mi wnes i bostio'r fideo ar *Instagram*.

4. *'Get Up, Stand Up'* gan Bob Marley.
Mae'r teitl yn dweud y cyfan: cân am ymdrech, caledi a herfeiddiwch. Mi fydda i'n teimlo'n rymus iawn pan fydda i'n gwrando ar y gân hon.

5. *'Iron Lion Zion'* eto gan Bob Marley.
Mae gan y gân hon rythm a churiad cryf, ac mae'n debyg i *'Get Up, Stand Up'*. Stori arall am galedi, herfeiddiwch a goroesi.

6. *'Young Americans'* gan David Bowie.
Dw i wedi gweld David Bowie yn perfformio. Roedd Bowie yn artist gwych ac roedd e bob amser yn newid ei ddelwedd ac yn creu gyda'r gorau. Dw i'n caru'r gân gyfan am frwydr Americanwr ifanc yn yr Unol Daleithiau; y geiriau, y gerddoriaeth, popeth – ardderchog.

7. *'Madan (Exotic Disco Mix)'* gan Salif Keita a Martin Solveig.
Traeth heulog ym Mwlgaria, 2003; Connagh yn un ar ddeg mlwydd oed ac Elinor yn wyth. Roedden ni wrth y bar pan glywais i'r gân hon. Allwn i ddim cadw fy nhraed yn llonydd; y curiad tempo cryf i gyd-fynd â rhythm y gitâr a'r drymiau – y drymiau Affricanaidd. Daeth â dawns fy hynafiaid,

sy'n rhedeg trwy fy ngwythiennau, i'r wyneb. Mae'r gân yn gwneud i mi deimlo'n llawn egni ac yn fyw.

8. *'Kambo Medicine'* gan Rishi & Harshil.
Mae'r gân hon yn nefoedd pur Siamanaidd, sy'n cynnwys seiniau'r dijeridŵ, y drymiau a cherddoriaeth frodorol arall wedi'u plethu â synau anifeiliaid. Mae curiad drwm dwfn – sy'n cynrychioli curiad y galon ddynol – llafarganu'r Indiaid brodorol, anadlu dwfn, araf a sŵn neidr yn hisian.
Pan fydda i'n cymryd y ffisig *'Kambo'*, dw i'n un... dw i'n un gyda phopeth. Rydw i eisiau cropian, udo, rhuo, teimlo fy nghalon yn curo, fy ysgyfaint yn anadlu. Rydw i'n gyntefig, wedi tynnu dillad gwareiddiad; yn rhydd, yn bwerus ac yn hapus.

9. *'Easy'* gan The Commodores.

Why in the world would anybody put chains on me, yeah?
I've paid my dues to make it.

Mae geiriau'r gân hon yn disgrifio fy mhersonoliaeth i a 'nymuniadau. Rydw i eisiau bod yn rhydd, yn rhydd i fynegi fy hun; a dydw i ddim eisiau i unrhyw un fy rhoi i mewn cadwyni chwaith.

10. *'Got to Get You Into My Life'* gan Earth, Wind & Fire.
Fe wnes i ddawnsio i'r gân hon a phostio fideo ar *Instagram* yn ystod y pandemig hefyd, i ysbrydoli ac i godi calonnau pobl. Mae'r gerddoriaeth a'r geiriau'n bositif ac yn rhamantus, ac roedd yn ddiwrnod heulog, hyfryd pan wnes i ddawnsio hefyd.

Y Dyn Dur

MAE 'NA BERTHYNAS hir a phendant rhwng De Cymru a'r diwydiant dur. Agorwyd gwaith enfawr Port Talbot yn 1951 ac un arall sylweddol iawn, sef gwaith RTB/Spencer yn Llanwern ger Casnewydd yn 1962; gyda gwaith Shotton yn agor yn y gogledd hefyd, yn sir y Fflint.

Yn y saithdegau cynnar, fe dreuliais i flwyddyn a hanner yn gweithio i *British Steel* yn East Moors Road yn Sblot. Yno, ro'n i'n gweithio ar y ffwrneisi tân agored; swydd beryglus iawn. Dw i'n cofio un o 'nghydweithwyr yn sôn wrtha i am yrrwr craen y bu bron iddo â chael ei losgi i farwolaeth, oherwydd adwaith yn y ffwrnais. Cafodd ei achub, ond fe gafodd e 'i losgi'n ddrwg iawn, ac lwyddodd e ddim i weithio byth eto.

Caeodd *British Steel* neu "Waith Dur East Moors" yn 1978, gan adael cannoedd o bobl yn ddi-waith neu'n chwilio am waith. Yn yr un cyfnod, roedd 'na ffatri ddur newydd – *Allied Steel and Wire* (ASW) – wedi bod yn cael ei hadeiladu ers 1977. Yn ffodus i mi, roedden nhw'n chwilio am weithwyr a oedd â phrofiad o weithio gyda dur tawdd, felly ymgeisiais i am swydd – yn llwyddiannus. Rhwng y ddau – gweithio yn East Moors ac yna yn ASW – ro'n i yn y diwydiant dur am gwarter canrif.

I wneud y dur, bydden ni'n defnyddio metel sgrap.

Byddai'n cael ei gludo mewn lorïau o Gymru a Lloegr, a'i bentyrru'n stoc yn agos at y ffatri ddur. Dychmygwch bowlen fetel fawr wedi'i gwneud o ddur, gyda chaead sy'n gallu llithro ymlaen ac i ffwrdd. Yn y caead, roedd tair ffon neu roden garbon anferth; perffaith i ddargludo'r trydan a oedd yn cael ei gynhyrchu gan drawsnewidydd pwerus iawn, iawn. Byddai llond cynhwysydd enfawr o fetel sgrap yn cael ei ollwng i'r ffwrnais. Wedyn byddai'r caead yn llithro ar draws ac yn cau. Yna, byddai'r dair rhoden garbon yn claddu eu hunain yn y metel sgrap, ac yn ei doddi. Byddai'r broses hon yn cymryd tua hanner awr. Yna, byddai ail gynhwysydd o fetel sgrap yn cael ei ychwanegu – a byddai'r broses yn cael ei hailadrodd. Yn y cyfamser, byddai'r metel sgrap yn cael ei doddi nes iddo gyrraedd y tymheredd gofynnol o tua 1600 canradd.

Roedd criw'r ffwrnais yn cynnwys y *First Hand*, y *Second Hand* a'r *Third Hand*. Y *First Hand* oedd y pennaeth. Byddai'r *Second Hand* a'r *Third Hand* yn mesur y tymheredd, yn cymryd samplau o'r dur ac yn ychwanegu'r *"killings"*, sef cymysgedd o silicon, manganîs a chalch. Pan fyddai'r ffwrnais yn barod i'w thapio – sef arllwys y dur – byddai'r ail neu drydedd law yn defnyddio lifer i arllwys y dur tawdd i letwad neu ledl. Byddai'r lletwad wedyn yn symud i'r ffwrnais letwad, sef fersiwn fechan o'r ffwrnais arc drydan fawr.

Mewn rhai ffyrdd, mae gwneud dur yn debyg i wneud cacen; mae angen i chi ychwanegu symiau cywir o'r cynhwysion cywir i wneud cacen berffaith. Pan fyddai angen, fe allwn i wneud tair swydd: dyn ffwrnais, dyn lletwad a dyn ffwrnais letwad. Fel dyn lletwad, roedd rhaid i mi sicrhau bod y lletwad yn barod i fynd i'r ffwrnais, a monitro'r cyflwr hefyd. Swydd y dyn ffwrnais letwad oedd y swydd galetaf yn ASW. Yn ystod yr haf, roedd yn rhaid i ni gymryd tabledi halen i sicrhau nad oedden ni'n dadhydradu oherwydd diffyg halen – o ganlyniad i chwysu gormod. Byddwn i weithiau'n llewygu yn yr haf, oherwydd y gwres a'r diffyg aer yn y lle.

Fel ro'n i'n esbonio, mae gwneud dur yn debyg i wneud cacen... Felly, fy nghyfrifoldeb i oedd sicrhau bod yr holl gynhwysion yn gywir ac yn cael eu hychwanegu yn y symiau cywir – ac yn ôl y cymarebau cywir. Hefyd, rhaid oedd i'r tymheredd fod yn gywir i sicrhau bod ansawdd y dur yn iawn, cyn symud ymlaen i'r broses nesaf.

Er bod y gwaith yn beryglus ac yn swnllyd, ro'n i'n gweithio gyda ffrindiau ac roedd y *camaraderie* yn arbennig o dda – ac ro'n i'n hoffi'r broses o wneud y dur. Fe ges i dair swydd yn ASW. Gweithiais am sbel fel dyn ffwrnais, fel dyn lletwad ac wedyn fel dyn ffwrnais letwad. Yr olaf o'r rhain oedd y swydd galetaf, mewn ffordd gorfforol a meddyliol. Ro'n i dan bwysau o hyd, yn gweithio yn erbyn y cloc. Pan fyddai un lletwad yn barod, byddai angen i fi ddefnyddio *probe* i fesur y tymheredd; wedyn, byddai angen defnyddio electrodau i gynhesu'r dur nes ei fod yn cyrraedd y tymheredd cywir. Wedi hynny, byddai'n rhaid i fi ychwanegu'r *"killings"*, ac roedd cael y cymesuredd rhwng y manganîs a'r silicon yn hollbwysig. Roedd yn rhaid cael *ratio* o 3:1. Roedd bocsys (*containers*) o'r cynhwysion uwchben, ac roedd rhaid i mi edrych ar sgrîn er mwyn dewis faint o silicon a manganîs i'w ollwng ar y *conveyor belt*. Roedd y cymysgedd union yn dibynnu ar ansawdd y dur. Ambell waith, byddech chi'n ychwanegu boron – a oedd yn effeithio ar hyblygrwydd y dur. Bydden ni'n creu dur o wahanol ansawdd yn dibynnu ar y defnydd yn y pen draw – gwneud gwifrau, er enghraifft, neu gynhyrchu biledau ac ati ar gyfer y diwydiant adeiladu a'r diwydiant ceir.

Roedd gweithio yn ASW fel bod yn *Dante's Inferno*, hynny yw gweithio yn uffern. Fe fuodd 'na rai damweiniau ofnadwy yn ymwneud â thân, metal tawdd a thrydan; ac roedd y gweithle'n fudr, a'r sŵn yno fel deg o stormydd o fellt a tharanau'n cynddeiriogi. Ie, fel gweithio yn uffern. Yn ei anterth, roedd cwmni ASW yn cynhyrchu miliwn o dunelli o ddur y flwyddyn.

O, ie! Cyn i mi anghofio... fe agorodd Y Tywysog Siarl y gwaith dur yn swyddogol yn 1977; a chafodd holl weithwyr dur ASW gwpan coffi yr un am eu llafur. Ie, cwpan coffi.

Cymuned a Chyfeillgarwch

Roedd y cyfeillgarwch a'r bywyd cymdeithasol ymhlith y gweithwyr dur yn hollbwysig. Mewn modd cellweirus, bydden ni'n galw'n hunain yn *"hairy-assed steelworkers"*, er nad iaith briodol mohoni ar gyfer y llyfr hwn, ond dyna'r amgylchedd y bues i'n gweithio ynddo.

Byddai'r rhan fwyaf ohonom ni'n gweithio shifftiau 6yb – 2yp, 2yp – 10yh neu 10yh – 6yb, ac wedyn newidiwyd y patrwm shifft i 6yb – 2yp, 10yh – 6yb a 2yp – 10yh. Y rheswm am y newid oedd bod y patrwm shifft gwreiddiol yn golygu'n bod yn gorffen ar shifft nos; roedd hyn yn golygu'n bod yn treulio'n diwrnod cyntaf bant yn y gwely, yn dadflino wedi'r shifft honno. O leia', gyda'r patrwm newydd, bydden ni'n gorffen ar shifft 2yp – 10yh ac yn cael dau ddiwrnod bant yn lle diwrnod a hanner.

I greu cwlwm cryfach rhyngom ni, ac i ychwanegu elfen o hwyl, fe gawson ni i gyd lysenwau: *"Cockeye"*, *"Snarler"*, *"Dryshirt"*, *"Suck-a-Gallon"*, *"The Magistrate"*, *"Splitpin"*, *"Nookie Bear"*, *"Dipper"*, *"Bouncy"*, *"Rubber"* (dyn a chanddo wyneb rhyfedd). Yna, roedd *"The Greek"* a *"Busby"* (wedi'i enwi ar ôl aderyn bach mewn cartŵn oedd wastad ar y ffôn). Roedd 'da chi *"Postman Pat"*, *"Sarge"* a *"Larry the Lamb"*, i enwi ond ychydig ohonyn nhw! Ro'n nhw'n arfer 'ngalw i'n "Wayne Wheeler", ar ôl cydweithiwr o'r enw Maxi Wheeler – dyn oedd yn arfer siarad lol weithiau... Tydy hynny ddim yn wir yn fy marn i, gyda llaw.

Roedd stori i bob enw, bron. Pam *"Dipper"*? Wel, roedd e'n defnyddio pyromedr i fesur tymheredd y dur, a fe oedd yn 'dipio' y mesurydd yn y metal. Cafodd *"Chicken George"* ei enwi ar ôl cymeriad yn y nofel gan Alex Haley a'r gyfres deledu *Roots*. Roedd 'da chi *"Big Foot"* – Jack Latham – a thrydanwr o'r enw Tony, *"The Ferret"*. Ray Tarr oedd enw iawn *"Suck-a-Gallon"*. Roedd gwraig Ray yn gweithio i gwmni oedd yn ocsiyna ceir i lawr ar Ferry Road, yn casglu ceir o wahanol lefydd i fynd i'r ocsiwn. Cyn yr ocsiwn, byddai gwraig Ray yn gyrru'r ceir adre ble byddai Ray yn aros amdani wrth y lôn gefn gyda drwm pum galwyn a *hosepipe*. Byddai Ray yn sugno'r petrol o'r car drwy'r beipen er mwyn gwagio'r tanc cyn i'r car gael ei werthu. Byddai'n gwneud hyn bedair neu bum gwaith y dydd. Felly... *"Suck-a-Gallon"*.

Tony Davies oedd *"The Magistrate"*, oherwydd ei fod e'n eistedd i lawr drwy'r amser – megis "ar y *bench*". Clive Parry oedd *"Dry Shirt"* – o'dd e'n gweithio 'da ni ar y *pitside*; ac er y bydden ni i gyd yn chwys diferu, byddai 'i grys e'n sych grimp. Tony Atkinson oedd *"Cockeye"*, a rhoddwyd y llysenw *"The Faggot"* i ddyn o'r enw Stuart. Wedyn, roedd 'na ddyn o'r enw *"Lovely Boy"*, sef Clive Turner – o'dd e'n gweithio ar y *caster* ac yn edrych fel trefnwr angladdau. "Dai *the Pipe*" oedd Dai Wilcox, oherwydd – hyd yn oed pan fyddai popeth yn wallgo' yn y gwaith – byddai Dai 'na yn sugno'n fyfyriol ar ei bib drwy'r cyfan. O'ch chi'n medru smocio yn y gwaith yn y dyddiau 'ny.

"Mother" oedd Brian Tan; o'dd e'n paratoi bwyd i bawb ar y shifft, ac yn ffysio dros bawb, fel byddai mam.

"The Maggot" oedd Lance, neu *"Chippie"*, oherwydd mai Woodman oedd ei gyfenw. Un o'm ffrindiau gorau Phil Jones oedd *"Snarler"*, oherwydd roedd e'n arweinydd tîm a doedd e ddim yn gymdeithasol iawn ben bore. Ar ei helmed, roedd y llythrennau 'IDNYB' – a oedd yn sefyll am *'I Don't Need You Bastards'*.

Llysenw un arall o 'nghyd-weithwyr, Dai Beish, oedd *"The Pig"*. Un dydd, fe aeth dyn o'r enw Emmett – oedd wastad yn chwarae triciau ar bobl – i'r lladd-dy a chael pen mochyn i'w roi e'n locer Dai, gyda helmed ar ei ben. Roedd digonedd o enwau od, fel *"Nookie Bear"*, *"Bunty"* a *"Red Rum"* (fel y ceffyl enwog), sef Phil Bowen. Un tro fe wnaeth e 'ngalw i'n *"nigger"*, a bu bron i mi ei dagu i farwolaeth – roedd rhaid i'r bois 'nhynnu fi bant. *"The Claw"* oedd Dave Richards; roedd e'n gweithio yn *material handling*, a chanddo forthwyl fel crafanc. Enw arall da oedd *"Slogger"*, a oedd yn chwarae pêl-fas; o'dd e'n chwarae dros Gymru, ac mewn un gêm, fe fwriodd y bêl mor bell nes iddi ddiweddu lan yng Nghasnewydd – heb air o gelwydd! Fe fwriodd y bêl ac fe aeth hi i mewn i gefn lori! Enw arall oedd *"The Boot"*; o'dd rhywbeth yn bod ar ei droed. Un tro, buodd yn rhaid iddo fe gael ei ddannedd mas – pob un ohonyn nhw; a byth ar ôl hynny, *"Gumboot"* fuodd e!

I gymdeithasu ar ôl gwaith, byddai'r bechgyn yn ymweld â'r "Sied" – sef clwb gweithwyr, neu dafarn y Grosvenor yn Nhremorfa, Caerdydd. Byddai rhai o'r bechgyn yn mynd i'r siopau lleol ar ôl shifft nos i brynu alcohol am 6:30 y bore, i'w helpu nhw i gysgu. Yn achos rhai o'r bechgyn, byddai'r yfed yn mynd yn broblem. Gyda llaw, roedd y siopau'n gwybod ei bod hi'n anghyfreithlon i werthu alcohol bryd hynny, ond busnes yw busnes.

Weithiau bydden ni'n mynd i'r rasys ceffylau yng Nghasgwent. Dw i'n cofio betio ar ddau geffyl mewn ras pedwar ceffyl, heb ennill 'run geiniog. Wrth gwrs, fe fydden ni i gyd wedi meddwi ar ddiwedd y dydd. Byddai 'na enillwyr a chollwyr, ond bydden ni i gyd yn cael amser gwych. Byddai bechgyn y gwaith dur yn arfer chwarae tipyn o snwcer – mewn cynghrair yn ardal Caerdydd. Roedd gennym ni dîm rygbi hefyd; roeddwn i'n chwarae yn yr ail reng. Bydden ni'n chwarae yn erbyn timau'r diwydiant gwneud dur, a bydden ni hefyd yn cael gemau ymysg ein gilydd – rhwng y gwahanol shifftiau yn y gwaith. Fe chwaraeodd rhai o'r bechgyn yn Japan hyd yn oed, oherwydd roedd ganddyn nhwythau eu gweithfeydd dur yno. Dw i'n meddwl ein bod ni wedi ennill y gêm honno. Dw i'n edrych yn ôl ar yr adegau hynny gyda hoffter mawr.

Gwaed yn dewach na dur

Dw i'n saith deg mlwydd oed bellach, ond wna i fyth anghofio'r caredigrwydd a ddangosodd fy nghydweithwyr tuag ata i a Lynda.

Dw i'n meddwl, efallai, 'mod i tua phump ar hugain oed ar y pryd. Ro'n i newydd ddychwelyd o wyliau – yn Sbaen, dw i'n credu. Ro'n i mewn hwyliau da pan ddychwelais i i'r gwaith, ond newidiodd hynny i gyd mewn amrantiad. Roedd 'na oruchwyliwr, nad ydw i am ei enwi. Am ryw reswm, doedd e ddim yn hoff ohona i; wn i ddim pam. Ro'n i wedi synhwyro hyn, ac o'r herwydd, do'n i ddim yn ei hoffi yntau chwaith.

Dw i'n cofio iddo fe ofyn i mi wneud rhywbeth, mewn modd hyll ac amharchus. Fe wnaeth e 'nghythruddo, a heb feddwl, fe rois i 'nwrn yn ei wyneb a'i fygwth. Wrth gwrs, fe aeth yn syth i swyddfa'r rheolwyr i gwyno. Ychydig funudau'n ddiweddarach, ces fy ngalw i mewn i'r swyddfa. Eisteddais i i lawr ac esboniais i beth oedd wedi digwydd.

Fe ges i andros o sioc pan ddywedodd y rheolwr wrtha i 'mod wedi cael fy niswyddo.

Gofynnodd y bechgyn i mi beth oedd wedi digwydd, felly fe ddwedais i wrthyn nhw. Roedden nhw'n grac iawn, oherwydd eu bod nhw'n gwybod bod y goruchwyliwr yn fwli. Felly, fe gawson nhw gyfarfod ac fe benderfynon nhw fynd ar streic i 'nghefnogi i. Ces i fy syfrdanu gan eu cefnogaeth a'u hundod; allwn i ddim credu'r peth. Wrth gwrs, fe newidiodd y bygythiad o streic feddwl y rheolwyr – cynhyrchiant oedd yn dod yn gyntaf, uwchlaw popeth arall. Felly, yn lle cael fy niswyddo, fe ges i f'atal o'r gwaith am fis. Aeth y bechgyn gam ymhellach o ran eu cefnogaeth. Heb yn wybod i mi, fe aethon nhw ati i gasglu mwy na gwerth mis o gyflog i mi.

Ro'n i'n agos iawn at ddagrau pan wnaethon nhw roi'r arian i mi, ac ro'n i mor ddiolchgar. Pan ddwedais i wrth Lynda, roedd hithau – fel finnau – yn agos iawn at ddagrau. Y diwrnod canlynol, fe rois i neges ar yr hysbysfwrdd yn diolch iddyn nhw am eu haelioni, eu hundod, eu cefnogaeth a'u caredigrwydd.

Y Sgandal Pensiynau

Dechreuodd fy ffrind Phil Jones weithio yn East Moors yn 1969, gan ddechrau yn y swyddfa. Mae'n cofio mynd i'r *pitside*, sef y llawr mawr, y gwaith caled yng nghrombil y gwaith dur, ble bydden ni'n trafod ac yn symud y dur tawdd i gyd – ei symud o'r ffwrneisi i'r *vessels* ac ymlaen i le byddai'n cael ei gastio.

Dywedodd Phil wrtha i sut y symudodd e o East Moors, oedd yn rhan o Gorfforaeth Dur Prydain, pan oedd y lle'n cau yn 1978. Yng nghanol y 1970au, roedd cwmni *Guest, Keen and Nettlefold* (GKN) yn mynd i greu ffwrnais arc drydan hanner milltir i ffwrdd, dan yr enw *Allied Steel and*

Wire (sef ASW). Roedd hon yn dechneg newydd sbon o doddi dur – rhywbeth do'n i heb ei weld o'r blaen, oherwydd ein bod ni wedi arfer 'da ffwrneisi tân agored neu *open-hearth*. Dywedodd bòs Phil, ar y pryd, y byddai'n syniad da iddo geisio am swydd yno; roedd East Moors yn mynd i gau, gan adael 4,500 o weithwyr yn segur ac yn chwilio am waith. Roedd GKN wedi dweud yn barod y bydden nhw'n derbyn un ar bymtheg o weithwyr East Moors i'r plant newydd, oherwydd bod ganddyn nhw brofiad o ddelio 'da dur tawdd. Roedd jòb Phil a finnau yn ASW yn lladdfa, ac roedd Phil yn cytuno'n llwyr. Hyfforddodd fy mrawd Gary ar gyfer bob un o'r swyddi, ond roedd 'na un swydd yn benodol nad oedd e am ei gwneud fyth, sef gweithio ar y *ladles* fel Phil a finnau.

Mae Phil yn cofio'r holl waith caled: "Roeddech chi'n gyfrifol am redeg y llawr i gyd, gyda'r *vessels* enfawr 'ma – 100-150 tunnell yr un – oedd yn dal dur tawdd o'r ffwrneisi. Roedd rhaid gwneud yn siŵr bod y *vessels* yn boeth pan fydden nhw'n mynd i'r ffwrnais; roedden ni'n gyfrifol am bob person oedd yn gweithio *'pitside'*, ac roedd e'n amgylchedd peryglus iawn. Unwaith i'r ledl llawn dur gael ei defnyddio – unwaith iddi ddod 'nôl, yn wag, o'r *caster* – byddai hi'n barod am y *fettling*, i'w pharatoi ar gyfer y cam nesaf."

Fel Phil, dw innau'n cofio'r jòb hon fel yr un anoddaf oll. Roedd 'na *nozzle* sirconiwm, ac roedd gwaelod y lletwad/ ledl yn boeth iawn – ac roedd rhaid defnyddio *jackhammer* i'w lanhau. Dychmygwch wneud hynny yn yr haf. Dw i'n cofio taflu bwcedi o ddŵr dros bennau'r dynion, oherwydd y gwres, ac roedd angen cymryd tabledi halen yn ogystal. Gwaith i dorri cefn rhywun.

Mae Phil yn cofio'r agosatrwydd rhwng y gweithwyr: "Roedd *camaraderie* arbennig yno. Roedd 'na gyfnodau o ran swyddi pan nad oedd yr un dyn yn gadael y lle a neb yn cychwyn o'r newydd yno chwaith. Roedd e'n *job for life* os liciwch chi. Roedd Dad wedi gweithio 'na, a 'nhad-cu hefyd. Wnes i weithio 'na, a 'mrodyr. Yn y dyddiau cynnar, i'r mwyafrif o weithwyr, hwn oedd y man gwaith; ambell waith, yr unig fan gwaith drwy gydol eu bywydau – yn debyg i weithwyr yn y pyllau glo."

Lle brwnt i weithio oedd y gwaith dur. Mae Phil yn cofio: "Gweithio mewn dwst, a'r lle gwaith ei hun yn gyfyng. Roedd 'na gyfnodau pan y gallech chi sefyll un ochr i'r gwaith heb fedru gweld yr ochr arall oherwydd y dwst. Dwst manganîs, dwst silica, dwst calch a dwst carbon; yr holl fineralau 'ma, a lot o ddwst yn cael ei greu."

Dw i'n cofio sut y cawson ni offer newydd yn y lle i geisio delio 'da'r dwst, gyda ffilter enfawr; ond o'n nhw'n ei droi i ffwrdd gyda'r nos, mae'n debyg, oherwydd bod y cymdogion yn cwyno am y dwst oedd yn gorchuddio eu tai a'u ceir nhw. Roedd Phil yn cofio dyn oedd yn gweithio yn y ffwrnais o'r enw John Flynn: 'Mi gwrddais i ag e, cyn iddo fe farw, ac fe ddywedodd e fod pobl yn meddwl bod ganddo *asbestosis* ar ei sgyfaint. Roedd 'na amser, pan y dechreuon ni weithio yno, ble roedd pobl yn ein hadran ni o'r gwaith yn dod ar draws ychydig bach o asbestos – ond dim cymaint ag adrannau eraill. O ran y tîm oedd yn gweithio'r *casters*, o'dd criw o chwech ar bob peiriant; o'dd y dynion 'na yn gwisgo ffedogau wedi'u gwneud o asbestos – a'u menyg a'u *gaiters* hefyd. Roedd hyd yn oed y menyg roedden ni'n eu gwisgo wedi eu gwneud o asbestos. Mae asbestos wedi'i wahardd bellach. Mae'n ofnadwy gweld yr holl bobl 'ma yn marw oherwydd problemau'r frest.'

1958: Luigi, Linda (fy chwaer) a Mam.

1958: Luigi a'r Teulu Howard

1970au: Mam a'i ffrindiau gwaith

1975: Terry (fy chwaer), Jess, Mam a Dad

1976: *Kung fu* yng ngardd 65 Rhodfa Harris!

1980au: Priodas Terry a Nick

1980: Mam a'i sombrero!

1980: Gêm rygbi (ASW yn erbyn Rod Mill)

1981: Peint gyda Lynda (fy ngwraig)

1986: Yn y swyddfa gofrestru yn y Bahamas

1988: Pêl-droed Americanaidd

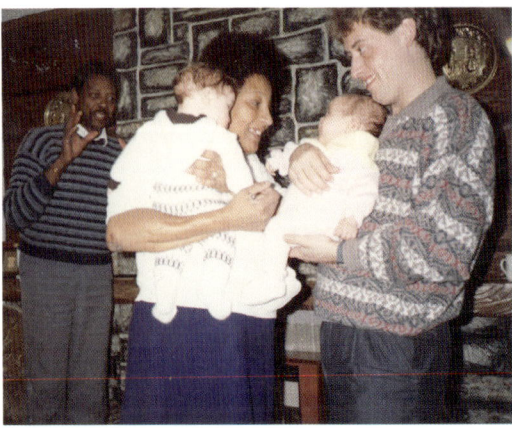

1989: Dad, Mam, Carly (merch fy mrawd Gary), Nick a Jessica (merch Nick a Terry, fy chwaer)

Mam a Linda gyda'r Fedal Carnegie

Mam a Luigi

1990au:
Mam a Dad

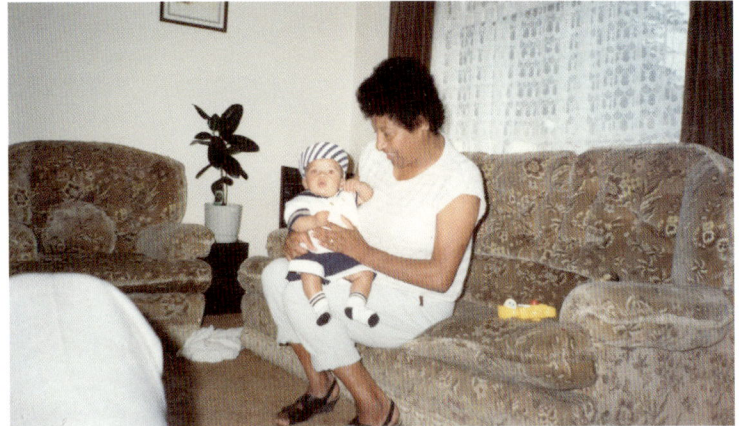

1992: Mam a Connagh

1990au: Dad wrth ei bwll pysgod

Y pwll pysgod yn ei ogoniant

1997: 12 Glandovey Grove

1997: Yn nhŷ ffrindiau

2001: Connagh ac Elinor

2000: Bechgyn y gwaith dur

2001: Drws newydd yn agor

WAYNE HOWARD
CAERDYDD

Cysylltydd: Stephen Lester
Steel Partnership Training
Ffôn: 02920 495154

WAYNE YN COFNODI EI LWYDDIANT

O weithiwr dur i athro Cymraeg dan hyfforddiant – cymerodd Wayne Howard, 49 oed, gam mawr ymlaen yn ei yrfa ddiweddar drwy ei 12 mis diwethaf.

Pan gafodd ei wneud yn ddi-waith ar ôl 25 mlynedd o weithio yn Allied Steel and Wire, gwyddai fod yr amser yn iawn i wreiddio ei freuddwydion.

"Roeddwn i wastad am fod yn athro, ond hyd nes ces i fy nigwneud yn ddi-waith y llynedd, doedd gen i mor i benderfyniad angenrheidiol i fynd ati i gyflawni'r nod," eglurodd.

Flwyddyn yn ddiweddarach, mae wrthi'n cwblhau hanner cyntaf ei gwrs dysgu Cymraeg yn Athrofa Prifysgol Cymru Caerdydd.

"Dechreuais i ddysgu Cymraeg saw! Blwyddyn yn ôl pan benderfynais i athro fy mhlant i ysgol cyfrwng Cymraeg," eglurodd Wayne, sydd â dau o blant, y naill yn 11 oed a'r llall yn 7 oed. "Roeddwn i am eu helpu nhw â u gwaith cartref heb orfod cyfieithu pob dim i'r Saesneg."

"Allech chi ddim cael dau fath o waith mwy gwahanol i'w gilydd na'r hen swydd i yn y gwaith dur ac ysgrifennu traethodau," meddai Wayne, a adawodd yr ysgol heb unrhyw gymwysterau.

"Rwyf i hyd yn oed wedi dysgu sut i ddefnyddio cyfrifiadur, rhywbeth nad oeddwn i'n gallu ei wneud o'r blaen, ac erbyn hyn rwy'n annog fy ngwraig i wneud yn un fath."

Yn ogystal â'i wybodaeth gynyddol, mae Wayne yn teimlo bod ganddo lawer mwy o hunanhyder ers dechrau ar ei gwrs dysgu.

"Pan mae 30 o blant pedair ar ddeg oed yn eich wynebu mewn ystafell ddosbarth byddwch yn dysgu'n gyflym iawn sut i ddod yn hyderus a bydd y nerfau'n diflannu."

"Dydych chi byth yn gwybod pa bosibiliadau sydd o fewn eich cyrraedd nes eich bod chi mewn sefyllfa lle mae'n rhaid ichi newid pethau yn eich bywyd. Dychwelyd i addysg yw'r peth gorau wnes i erioed," meddai Wayne.

LOUISA ANN POWELL
BARGOD

Cysylltydd: Tania Dawn Hughes
Cyngor Bwrdeistref Sirol Caerffili
Ffôn: 01633 613551

CYFRIF MANTEISION DYSGU

Roedd Louisa Powell, sy'n fam i dri o blant wastad wedi breuddwydio am weithio mewn banc, a bellach mae hi gam yn nes at gyflawni ei huchelgeisiau diolch i raglen dysgu i'r teulu sy'n cael ei rhedeg yn yr ysgol leol.

Mae Louisa o Fochriw ger Bargod yn 27 oed, a phan adawodd yr ysgol yn 16 oed i weithio mewn ffatri ddillad, credodd ei bod wedi cefnu ar unrhyw uchelgeisiau oedd ganddo o ran gyrfa.

Ond pen ddechreuodd ei phlant yn yr ysgol, penderfynodd Louisa fynd yn ôl yno ei hun er mwyn iddi allu ro help llaw i ddynt â'u gwaith cartref.

"Ar ôl geni fy nherydydd plentyn, bûm yn diodde yn arw ag iselder ysbryd, a doedd gen i ddim hyder," eglurodd Louisa. "Roedd y dosbarthiadau addysg i'r teulu a oedd ar gael yn yr ysgol yn ymddangos yn ffordd ddelfrydol o ddatblygu fy sgiliau yn ogystal ag o gyfarfod â phobl newydd."

Dechreuodd Louisa ar y rhaglen dysgu i deuluoedd yn Ysgol Gynradd Fochriw pan oedd ei merch Sophie yn cael anhawster â'i gwaith ysgol.

"Roeddwn i am allu helpu Sophie â'i gwaith ond roedd angen ion wella ar y pethau roeddwn i wedi eu hanghofio o'm dyddiau ysgol i fy hun," meddai Louisa.

Mae Louisa bellach yn mynychu'r ysgol ddwywaith yr wythnos i gymryd rhan mewn dosbarthiadau Saesneg a Mathemateg gyda'i phlant. Daeth manteision i ran ei phlant hefyd wrth i'w mam ddysgu ochr yn ochr â hwy yn y dosbarth, ac mae Louisa hefyd wedi gwneud ffrindiau newydd yn ogystal ag ailddarganfod ei brwdfrydedd am fathemateg!

"Mae'r cwrs wedi cannatáu imi dreulio amser o safon uchel gyda'm plant yn ogystal ag enraill digon o hunanhyder i fynd allan a dilyn cyrsiau eraill drosof f hun," meddai Louisa, sydd hefyd yn dilyn cwrs cyfrifiaduron yn y ganolfan gymunedol leol.

Mae lwyddiant Louisa wedi annog aelodau eraill o'r teulu i ddilyn ôl ei thraed.

"Mae fy chwaer a'm mam yn manteisio ar ddysgu i'r teulu erbyn hyn," meddai. "Mae'n ffordd grêt o ddysgu sherwydd ei bod yn hwyl, yn anffurfiol, ac yn sich galluogi i gyfarfod â phobl newydd."

2003: Ar y daith i ddod yn athro

2004: Diwrnod graddio

Cariad a chefnogaeth teulu

Newid byd

Un o ddyddiau balchaf fy mywyd

2006: Ym mhriodas Rod (hen ffrind ysgol)

2004: Linda (fy chwaer) a finnau

2007: Connagh, Linda, Lynda, Mam, Dad, Dawn, Elinor a finnau

2010: Mam

2014: Enw Mam yn Neuadd Carnegie

2019: Dad yn canu ym Mharc y Rhath

2020: Tad a mab

Ffilmio *Cymru, Dad a Fi* ar Ynys Seiriol

Ffilmio *Cymru, Dad a Fi* ar y traeth

Dawns y don

Lluniau gan Cwmni Da

2022: Teulu Colombia

2022: Prydferthwch
Barichara, Colombia

Ein teulu ni

2024: Dawnsio yn y Senedd

Teulu *Biodanza*

2024: Sian Jones (fy nhiwtor Cymraeg cyntaf!)

2024: Gêm o *Scrabble* gyda Shirley

2024: Connagh, Beth, Atlas (fy ŵyr bach), Lynda a finnau

2024: Taid balch i Atlas Dunlavey Howard

Damwain

'Sgen i ddim co' o'r shifft y diwrnod hwnnw, ond mae'r creithiau gen i hyd heddiw. Ro'n i'n symud llosgydd ocsi propan *("oxypipe")* o bwynt A i bwynt B. Wrth i mi wneud hyn, daeth handlen y falf i ffwrdd a daeth nwy yn rhuthro allan. Cyn i mi gael eiliad i ymateb, fe ges i 'nal mewn ffrwydrad o dân a nwy oherwydd, yn yr ardal gyfagos, roedd twndish. Oddi tano, roedd chwech o ganhwyllau – i gadw'r *nozzles* yn gynnes. Rydyn ni i gyd yn gwybod beth sy'n digwydd pan fo tân yn cwrdd â nwy... BŴM!

Ar ôl y ffrwydrad, aeth ffrind i mi, Tony, â fi i ysbyty Cas-gwent. Roedd fy wyneb i a 'mraich dde i wedi llosgi. Dw i'n cofio'r nyrs yn rhoi pinnau yn fy mysedd i weld a oeddwn i'n medru teimlo pethau. "Wyt ti'n teimlo poen, Wayne?" gofynnodd.

"Na!" meddwn i, i ddechrau.

Yna, gwthiodd y pin yn ddyfnach – ac fe sgrechiais innau, "Ow!"

Yna dywedodd y nyrs 'mod i'n lwcus iawn nad oedd y gwres a'r llosg wedi niweidio fy nerfau. Yn y diwedd, fe ddioddefais i losgiadau ail radd i fy wyneb, fy llaw dde a 'mraich.

Pan es i adre, edrychais i yn y drych. Fe wnes i ddychryn am fy mywyd; roedd fy wyneb i'n edrych fel pe bawn i'n ugain oed eto. Bryd hynny, ro'n i'n canlyn gyda Lynda. Dw i'n cofio meddwl, pan weliff hi fy wyneb i, bydd hi eisiau gorffen ein perthynas ni. Felly, cyn iddi allu 'ngweld i, dywedais wrthi nad o'n i am iddi fod yn gariad i mi mwyach. Ro'n i wedi cynhyrfu'n lân, oherwydd ro'n i'n dal yn ei charu hi. Er gwaethaf hyn, fe ddaeth hi i 'ngweld i.

Dywedais yn daer wrthi, "Paid ag edrych arna i."

"Gad i mi weld," meddai hi.

Fe droais i rownd; edrychodd ar fy wyneb i, gan ddweud, "Paid â phoeni, bydd popeth yn iawn."

Ac roedd hi'n hollol iawn. Rydyn ni'n dal gyda'n gilydd; gŵr a gwraig ar ôl yr holl amser.

Mae Lynda'n cofio'r diwrnod yn glir: 'Ar ôl i Wayne gael y ddamwain, fe ffoniodd i ddweud hynny – gan ychwanegu y byddai'n deall pe na bawn i am aros gyda fe. Fe ddwedais i wrtho fe am beidio â bod mor ddwl.

Pan es i i'w weld e yng Nghas-gwent, roedd ei freichiau wedi llosgi tipyn ac roedd bob gwythïen yn ei wyneb yn amlwg. Cafodd gyngor gan ei ffrind i gymryd fitaminau er mwyn helpu'r croen i wella. Mae gan deulu Wayne groen da ta p'un. Roedd e'n ifanc ac yn iach, felly gwellodd yn gyflym iawn.'

Doedd Lynda ddim yn gwybod am beryglon y diwydiant dur nes iddi gwrdd â fi: 'Na'th e gymryd tipyn o amser i mi sylweddoli pa mor beryglus oedd gweithio yno. Roedd Dad yn gweithio i gwmni o'r enw *Slab Reduction*, oedd yn symud deunyddiau i mewn a mas o'r gwaith dur; ac o dyfu i fyny yn Sblot, roedd y gwaith dur ar garreg drws. O'ch chi jest yn derbyn y lle, tamaid bach fel byw mewn pentref yn llawn glowyr.

Sawl tro, bues i'n poeni am ei waith – pan gafodd y ddamwain, wrth gwrs – ac un haf crasboeth, yn enwedig. Roedd hi'n berwi yn yr ardd, heb sôn am fod yn llafurio o flaen ffwrnais drwy'r dydd. Doedd y rheolwyr ddim yn becso dam; bydden nhw'n rhoi tabledi halen i'r gweithwyr ond fawr mwy na hynny.

Byddai Wayne yn dod adre wedi blino'n llwyr. Pan ma 'da chi blant, ac mae'n rhaid talu'r biliau, 'sdim dewis 'da chi. Dw i wastad wedi gweithio, ac ro'n i am helpu hefyd drwy wneud popeth o gwmpas y tŷ – fel nad oedd yn rhaid iddo fe wneud dim byd pan oedd e adre. Felly ro'n i'n ei gefnogi e. Pan fyddai e'n gweithio ar y shifft dau tan ddeg, byddai'n ffonio i 'weud ei fod e'n mynd am beint 'da'r bois – a byddwn innau'n dweud, "Iawn". Achos dyna oedd y peth iawn iddo fe'i wneud ar y pryd. Neu byddai e'n gofyn am ambell dun o lager, a byddwn i'n cael rheini iddo fe – er mwyn iddo fe gael ymlacio ar ôl shifft.

Dros y blynyddoedd, fe glywson ni am bobl yn marw yn y gwaith – neu am bobl yn cael eu niweidio – ac roedd hynny'n codi braw. Roedd y cwmni'n ticio'r blychau cywir; ond wrth i amser fynd yn ei flaen, y cynhyrchu oedd y peth pwysig, nid y gweithwyr.'

Rhwng byw a marw: atgofion Wayne

Ro'n i'n teimlo'n iawn ar ôl y digwyddiad hwnnw, gan fod ffrwydradau'n digwydd o bryd i'w gilydd. Ces fy anfon adre o'r ysbyty, a dw i'n cofio eistedd ar y gwely. Yn sydyn, ro'n i'n fy nagrau. Clywodd Lynda fi'n crio. Dywedais wrthi'n union beth oedd wedi digwydd. Roedd hithau wedi dychryn hefyd, a dyna pryd y sylweddolais i 'mod i wedi gohirio'r sioc. Buodd yn rhaid imi roi eli arbennig, fitamin E, ar fy nghroen am yn hir wedyn.

Byddai damweiniau yn y gwaith yn digwydd bob yn awr ac yn y man...

Pan fyddai twndish yn wag o ddur, byddai craen yn mynd i'w symud. Un dydd, fe ddringodd un o'r dynion i ben y twndish; ac wrth iddo fe osod y tsiaens, fe lithrodd i mewn i'r slag. Nawr mae'r slag yn waeth na'r dur ei hun, oherwydd mae e'n wenwynig. Roedd ffrind arall i fi, trydanwr o'r enw John McGrath, yn gweithio ar y craen pan ollyngodd ei sbaner. Roedd y tracs oddi tano'n dal yn fyw, felly wrth iddo fe godi'r sbaner, cafodd ei *electrocute*-io; buodd farw yn y fan a'r lle.

Un peth oedd yn fy mhoeni i, pan o'n i'n gweithio yn ASW, oedd y ffaith bod cynhyrchiant yn bwysicach na diogelwch i'r cwmni. I arbed amser, felly, yr oedd John y trydanwr yn gweithio ar y craen – a dyna pam y collodd e 'i fywyd. Byddai'r ffwrnais yn rhuo bob awr o'r dydd; a bob yn awr ac yn y man, byddai'n rhaid ei thrwsio a rhoi brics newydd ynddi. Byddai 'na ambell ffrwydriad hefyd; yn aml, i ddweud y gwir. Fe fuodd 'na un ofnadwy, pan oedd y ffwrnais yn oeri gyda help pibau yn llawn dŵr... Roedd fel *pressure cooker*, gyda'r dŵr ddim yn medru dianc wrth iddo droi'n stêm. Bŵm! Ffrwydrodd. Daeth arolygwyr iechyd a diogelwch draw a chau'r lle am ddyddiau.

Pan fyddai'r ffwrnais yn barod i arllwys y dur tawdd, byddai drws bach yn agor er mwyn i'r dur lifo mas. Weithiau, byddai'r dur yn gwrthod llifo mas, felly byddai'n rhaid i mi fynd ar blatfform a llithro o dan y drws i ddefnyddio'r "*oxypipe*" i roi hwb iddo fe. Ond unwaith, daeth 'na dwll i'r amlwg ar ochr y ffwrnais; yna'n sydyn, ffrwydriad – bŵm enfawr – a'r awyr yn troi'n ddu, ac roedd yn rhaid i mi redeg am fy mywyd.

Dechrau'r Diwedd

Aeth ASW dan ofal y derbynnydd yn 2002, oherwydd bod cyflwr y farchnad ddur yn gwaethygu. Dw i'n dal yn cofio pan ddaeth y cwmni derbynnydd KPMG i mewn, gyda'u clipfyrddau a'u beiros, i gymryd stoc o'r holl nwyddau. Roedd yn brofiad ofnadwy. Roedden ni i gyd yn teimlo dicter ac analluedd, oherwydd fe wydden ni na allen ni wneud dim ynghylch y sefyllfa.

Yng nghanol hyn oll – y perygl a'r asbestos, y gwaith caled a'r damweiniau – roedden ni fel teulu, yn edrych ar ôl ein gilydd. Dw i'n cofio'r dydd y buodd y lle gau; Gorffennaf y 10fed 2002 – diwrnod pen-blwydd Lynda. Dw i'n cofio eistedd i lawr gyda 'ngwraig, gan edrych ar y teledu i wrando ar y newyddion wyth o'r gloch, a'r penawdau'n adrodd bod ASW wedi mynd i mewn i *liquidation*. Finnau'n dweud wrth Lynda taw "dim ond ddoe wnaeth y lle gau"; o'n i ar y shifft dau tan ddeg, fy shifft olaf. Fe wnaeth hynny'n llorio ni. Ond, y peth gwaetha oedd y newyddion am y pensiwn; rhywbeth roedden ni wedi bod yn ei gynilo, drwy gydol ein bywydau gwaith, nad oedd ar gael i ni mwyach. Dim *benefit* yw e, ond rhywbeth ry'ch chi wedi gweithio i'w gael. Ynghyd â 'nghyfaill John Benson, fe ddechreuon ni'r ymgyrch 'ma. Mynd mas ar y strydoedd, mynd i Blackpool ar gyfer cynhadledd y Blaid Lafur; mynd i Lundain, Birmingham, Brighton a Manceinion. Roedd yr undeb wedi troi eu cefnau arnom ni; yn ein galw ni'n *mavericks*. Plaid Cymru oedd y tîm cyntaf i ddod mas i'n helpu ni, sef Owen John Thomas ac Adam Price. Ffoniodd Adam Price y tŷ am naw o'r gloch un bore. Ar y pryd, roedd e'n Aelod Seneddol yn Llundain, ac fe ddywedodd eu bod yn cwrdd y diwrnod hwnnw; roedd e'n meddwl bod ganddo syniad da, yn seiliedig ar Erthygl 8 yr *Insolvency Directive* ynglŷn â phensiynau – ffordd o warchod ein pensiynau.

Y bois o'r gwaith oedd yn ariannu'r ymgyrch, gan dalu am fysys mini, neu gostau teithio i Luxembourg i lobïo yn y Llys Ewropeaidd. Buon ni'n ymgyrchu am dros 22 mlynedd, dan ymbarél y *Pensions Action Group*, ac mae'r ymgyrch yn parhau. Fe wnaethon ni ymgyrchu cymaint nes i'r Llywodraeth ddweud y bydden nhw'n talu'r arian i ni – hyd at naw deg y cant o werth ein pensiynau. Ond, roedd twll du enfawr yn y pot, felly do'dd hi ond yn bosib rhoi deuddeg y cant o'r hyn oedd yn ddyledus i ni. Roedd y cwmni wedi cymryd "gwyliau" o'r pensiwn dros gyfnod o ddeng mlynedd. Ac roedd y cwmni wedi caniatáu i rai gweithwyr gymryd pensiwn llawn yn gynnar, gyda nifer o'r rheini'n digwydd bod yn undebwyr. Yn y Llys yn Luxembourg, dywedodd y barnwyr fod Llywodraeth Prydain yn euog o gamweinyddu o ran y pensiynau, a bod rhaid ein digolledu – dim llai na phum deg y cant.

Erbyn hyn, mae'n grŵp ni wedi tyfu i 140,000 o bobl sy wedi colli eu pensiynau. Tybed a allwch chi ddychmygu'r sioc, y dicter a'r teimlad o rwystredigaeth pan wnaeth 800 o weithwyr ddarganfod eu bod nhw wedi colli eu swyddi, ac ar ben hynny, bod ganddyn nhw ddim pensiwn chwaith. Does dim unrhyw eiriau i ddisgrifio'r profiad.

Y Frwydr Dros Ein Pensiwn

Pan gwympodd ASW, daeth i'r amlwg bod diffyg, neu dwll, o 21 miliwn o bunnoedd yn y gronfa bensiwn. Dyma sut y gwnaeth y BBC grynhoi'r sefyllfa mewn adroddiad ym mis Medi 2018:

> Pensiynau cyn-weithwyr cwmni dur ASW yn cael eu 'dwyn'
> *Mae cyn-weithwyr yn y diwydiant dur yn ne Cymru yn honni bod eu budd-daliadau yn cael eu "dwyn".*
>
> Aeth y cwmni o Gaerdydd, Allied Steel and Wire (ASW), *i'r wal yn 2002 gan olygu bod gweithwyr yn wynebu colli eu pensiynau.*
>
> *Ar ôl ymgyrchu yn llwyddiannus, credai'r gweithwyr eu bod wedi sicrhau 90% o'r arian oedd yn ddyledus iddyn nhw – ond oherwydd effaith chwyddiant, mae rhai yn honni mai dim ond hanner y maen nhw'n ei dderbyn.*
>
> *Dywedodd Llywodraeth y DU fod taliadau yn bodloni anghenion cyfreithiol.*

'Dinistrio bywydau'
Roedd gan ASW weithfeydd yng Nghaerdydd, Belffast a Sheerness pan aethant yn fethdalwyr, a chollodd tua 1,000 o bobl eu swyddi.

Bu'r ymgyrch i ddiogelu pensiynau a ddilynodd yn un o'r prif ffactorau y tu ôl creu dau gynllun diogelu pensiynau sydd ar gael i weithwyr y DU heddiw.

Mae cyn-weithwyr ASW yn anhapus nad ydynt yn derbyn 90% o'r swm a gytunwyd arno, gan nad yw chwyddiant yn cael ei ystyried gydag arian gafodd ei dalu i'r cynllun cyn 1997.

Yn ôl John Benson, a weithiodd i ASW yng Nghaerdydd am 40 mlynedd, mae llywodraethau olynol yn "dinistrio bywydau drwy beidio â sicrhau ein bod ni'n derbyn y 90% llawn".

"Mae'r peth yn warthus mewn gwirionedd, y ffaith ein bod ni'n dal i ymladd am rywbeth sy'n berchen i ni ar ôl 16 mlynedd," meddai.

Ychwanegodd bod rhai o'r gweithwyr nawr yn derbyn cyn lleied â hanner yr arian yr oeddent yn ei ddisgwyl.

'Anodd iawn'
Dywedodd y cynghorwr pensiynau, Tom McPhail, y byddai cytuno i alwadau'r cyn-weithwyr yn gallu costio "cyfran helaeth o £1bn".

Ychwanegodd y byddai modd i'r llywodraeth ganfod yr arian, ond rhybuddiodd y gall fod yn "anodd iawn" i'r pensiynwyr ailagor y ddadl mewn cyfnod ariannol mor anesmwyth.

Yn ôl llefarydd ar ran Adran Gwaith a Phensiynau'r llywodraeth, nid yw'r taliadau a wnaed cyn mis Ebrill 1997 wedi eu haddasu yn ôl chwyddiant gan nad oedd hyn yn ofyn cyfreithiol ar y pryd.

O ganlyniad i'r sefyllfa frawychus yma y dechreuon ni ein hymgyrch, sy'n parhau hyd heddiw. Yn ddiweddarach, lansiwyd cynllun cymorth ariannol; flwyddyn ar ôl hynny, y gronfa ddiogelu.

Ar hyn o bryd, dim ond 90% o'r hyn sy'n ddyledus i ni rydyn ni wedi'i gael; a 'dyw ein pensiynau ni ddim yn *index linked* chwaith, felly tydy'r arian ddim yn cadw ei werth yn wyneb chwyddiant. Dyna pam mae'r frwydr yn parhau. Wedi'r cyfan, fe wnaethon ni i gyd dalu i mewn i bensiwn a ddylai sicrhau bod gan y gweithwyr ddigon o arian i fwynhau eu hymddeoliad.

Ond, dim fi'n unig oedd yn dyst i effaith hyn, wrth gwrs. Roedd Lynda yn gynddeiriog ynglŷn â'r cwbl: 'O'n i'n grac iawn. Mor grac. O'n i fel Rottweiler tra bod Wayne yn *chilled* iawn ynglŷn â'r peth. Sut ar y ddaear y gallai'r cwmni wneud hyn? Pan gafwyd sefyllfa debyg yn achos banc Coutts, aeth dyn i'r carchar. Beth oedd yn wahanol ynglŷn â hyn? O'dd pobl wedi gweithio am flynyddoedd, gan roi eu harian tuag at y pensiwn – a'r cwmni'n cyfrannu hefyd. Roedd yr arian yma yn mynd mewn i gyfri banc, felly sut ar y ddaear roedd y cwmni wedi methu ag amddiffyn yr arian hwnnw?

Roedd Wayne wedi buddsoddi yn y pot pensiwn, ers yr holl flynyddoedd, i ddim byd. Hefyd, fe gafodd y cwmni 'wyliau' hir, ble doedden nhw ddim yn cyfrannu i'r pot o gwbl – felly roedd yn amhosib cyfrannu'r swm sylweddol oedd ar goll.

Felly, yn y pen draw, aeth y cwmni i'r wal. Fe gymerodd hi rhwng pump a chwe blynedd i rannu cynnwys y pot; a phwy oedd yn talu am wneud hynny? Y pot ei hun. Talon nhw filiynau i KPMG i weinyddu'r pot, gan adael dim ond ugain y cant o'r arian a gyfrannwyd. Pa lywodraeth sy'n caniatáu i hynny ddigwydd? O'n i mor grac. Ar ôl cyfrannu am 25 mlynedd, byddai Wayne yn derbyn £186 y mis fel pensiwn. Ble roedd system i ddiogelu'r cyfraniadau dros gwarter canrif?

Aeth yr undeb i ymgyrchu, gan ddadlau bod y llywodraeth wedi rhoi cymorth i gymdeithasau adeiladu ac yn y blaen – cwmnïau fel *Northern Rock*; a dyna sut y buodd hi'n bosib i gael yr FSA i dalu, nid y swm i gyd, ond peth o'r arian. Ond mae Wayne wedi gorffen gweithio heb lwmp swm. Sôn am slap yn dy wyneb… caniatáu i hyn ddigwydd i bobl oedd wedi gweithio mor galed.'

Fy Nhaith Gymraeg: Gweithiwr Dur i Athro Cymraeg

Bron i dri deg dau o flynyddoedd yn ôl, pan anwyd ein mab Connagh, roedd Lynda a finnau'n eistedd o amgylch y bwrdd – yn trafod ble y dylen ni anfon ein mab i gael yr addysg orau. Dyna pryd y dywedodd ein ffrind Nick ychydig eiriau a fyddai'n newid fy mywyd am byth. "Fe ddylech chi ei anfon i ysgol cyfrwng Cymraeg," meddai.

Fe ofynnon ni iddo, "Pam hynny?"

Dywedodd y byddai Connagh yn ddwyieithog o ganlyniad, ac y byddai ganddo safon dda o addysg ac o ddisgyblaeth. Ar ôl i Lynda a finnau drafod y mater, penderfynon ni ei anfon i ysgol cyfrwng Cymraeg. Byddai ein merch Elinor yn dilyn ei brawd dair blynedd yn ddiweddarach.

Y diwrnod ar ôl y sgwrs gyda Lynda, fe drefnais i gyfweliad gyda Mr Jones – y prifathro yn Ysgol Gymraeg Bro Eirwg yn Nhredelerch, yn nwyrain Caerdydd.

Dw i'n ei gofio'n cynnig sedd i mi gyda gwên gyfeillgar. Gofynnodd i mi, yn Saesneg, *"Do you speak Welsh, Mr Howard?"*

"No, Mr Jones," meddwn i, *"but I'll learn."*

Efallai'ch bod chi'n pendroni pam mai fi, ac nid Lynda, a benderfynodd ddysgu Cymraeg. Wel, ar y pryd, ro'n i wedi bod yn astudio Almaeneg ers blynyddoedd lawer, ac ro'n i wrth fy modd â'r broses o allu cyfathrebu mewn iaith wahanol. Roedd yn rhoi persbectif newydd i mi ar wledydd ac ar bobl, ynghyd â mewnwelediad diwylliannol hefyd.

Cofrestrais ar gyfer dosbarth nos Cymraeg unwaith yr wythnos yng Nghymdeithas Gristnogol y Dynion Ifanc yn City Road, yn Y Rhath – dan arweiniad Mrs Sian Jones. Ar ôl tua tri mis o astudio, gofynnodd Mrs Jones am gael gair 'da fi. Gofynnodd wedyn i mi a oeddwn i o ddifri am ddysgu Cymraeg? Dwedais i fy mod i, ac fe ddywedodd hithau, "Wayne, dylech chi roi cynnig ar y cwrs WLPAN – cwrs dwys, ond y ffordd gyflymaf o ddysgu'r Gymraeg."

Yr wythnos wedyn, fe ymrestrais i ar y cwrs WLPAN. Ro'n i wedi dychryn braidd o ddarganfod bod y cwrs yn cael ei gynnal dair noson yr wythnos am chwe mis; ac i wneud pethau'n waeth, byddai popeth yn Gymraeg... wrth gwrs y byddai! Beth o'n i'n ei ddisgwyl? Y noson gyntaf ar y cwrs, es i mewn i'r stafell ble roedd 'na tua phump ar hugain ohonom ni. Cawson ni'n cyflwyno i'n hathro, Diana Bianchi. Roedd yn sioc ar y dechrau, achos roedd popeth yn Gymraeg – fel y disgwyl, wrth gwrs – ond efallai bod y ffaith 'mod i'n gallu siarad Almaeneg wedi'n helpu i i arfer gyda sŵn a rhythm yr iaith. Roedd Diana yn wladgares Gymreig gref; bydden ni'n aml yn codi ar ein traed yn y dosbarth ac yn canu'r anthem genedlaethol. Roedd y cwrs yn anodd ac roedd rhaid i mi ganolbwyntio'n ddyfal; nid yn unig hynny, ro'n i'n flinedig iawn – oherwydd roeddwn ni'n dal i weithio shifftiau.

Yn y pen draw, wnes i gwblhau'r cwrs; ond er ei fod e'n anodd, ro'n i eisiau parhau i wella fy safon iaith – felly fe gofrestrais i ar gyfer cwrs carlam yn Llanilltud Fawr. Roedd y cwrs yn cael ei gynnal yng Nghastell Sain Dunwyd. Dw i ddim yn cofio enwau fy nhiwtoriaid, ond fe ges i amser da – oherwydd ces i gyfle i ymarfer siarad gyda dysgwyr eraill; ac roedd tiroedd y castell yma yn Y Fro yn brydferth hefyd.

Gyda llaw – cyn i mi anghofio – 'dych chi'n cofio imi sôn bod pump ar hugain ohonom ni ar y cwrs WLPAN? Wel, erbyn y diwedd, dim ond pump ohonom ni a lwyddodd i gwblhau'r cwrs. Dw i mor hapus i ddweud taw fi oedd un ohonyn nhw.

Rai misoedd wedyn, fe gofrestrais i ar gyfer cwrs dwys arall – ym Mhrifysgol Aberystwyth y tro hwn. Unwaith eto, ces i amser arbennig o dda; yn enwedig wrth ganu a chymdeithasu yn nhafarn Y Cŵps, ble dw i'n cofio canu 'Yma o Hyd' gan Dafydd Iwan gydag arddeliad. Dw i wrth fy modd â'r gân honno; mae hi mor ysbrydoledig a herfeiddiol, ac mae'n ennyn angerdd pobl Cymru. Hoffwn i fynegi diolch o galon i'r tiwtoriaid sy wedi'n helpu i i ddysgu Cymraeg; pobl fel Sian Jones, Diana Bianchi, Helen Prosser, Gwen Awbery, Clive Rowlands a Nia Parry. Mae'n flin 'da fi 'mod i wedi anghofio enwau'r tiwtoriaid eraill sy wedi'n helpu i ar y daith, ond diolch i chi i gyd. Erbyn i mi orffen y cwrs yn Aberystwyth, ro'n i mewn cariad gyda'r iaith Gymraeg a chyda'r diwylliant.

Yn ddiweddarach, fe wnes i hefyd fynychu Prifysgol Caerdydd, gan ddilyn cwrs Gloywi Iaith Ysgrifenedig – dan ofal Gwen Awbery (dw i'n meddwl). Wedi hynny, fe benderfynais i astudio ar gyfer Lefel A Cymraeg. Wnaeth neb fy nghymell i i ddilyn y cwrs Lefel A; fi fy hun a benderfynodd gymryd yr her, er efallai i Helen Prosser awgrymu'r peth. Erbyn hynny, ro'n i wedi ymrwymo'n bendant i wella fy Nghymraeg. Dyna ran o 'mhersonoliaeth i; gwneud rhywbeth gant y gant, neu ddim o gwbwl. Os dw i'n cofio'n iawn, fe wnes i'r cwrs hwn, hefyd, ym Mhrifysgol Caerdydd yn 2001.

Mae'n ddrwg gen i, ddarllenwyr, rydw i mor brysur yn traethu am fy nhaith Gymraeg nes i mi anghofio dweud wrthych chi pam roeddwn eisiau ei dysgu yn y lle cyntaf. Fe wnaed y penderfyniad i anfon ein plant i'r ysgol cyfrwng Cymraeg; felly, fel tad, roedd yn ddyletswydd arna i i ddysgu'r iaith, er mwyn gallu helpu fy mhlant gyda'u gwaith cartref, darllen, ayb – ac i ddod i adnabod yr hanes a'r diwylliant. Pan oeddwn i yn yr ysgol, rhaid imi gyfaddef nad oedd gen i unrhyw ddiddordeb mewn dysgu Cymraeg. Dim ond pan gafodd fy mhlant eu geni y cymerais i ddiddordeb yn yr iaith. Pan o'n i'n blentyn ac yn fy ieuenctid, doedd y Gymraeg ddim yn rhan o 'mywyd i o gwbl; ro'n i'n meddwl amdani fel iaith ddiwerth, ac mai dim ond rhai pobl ryfedd mewn rhai mannau yng Nghymru oedd yn ei siarad. Tro ar fyd.

Dw i'n cofio eiliad ddoniol iawn, ond llawn embaras hefyd. Un dydd, cwrddais ag athrawes Connagh yn yr ysgol gynradd. Siaradodd gyda fi am sbel, a dw i'n cofio nodio 'mhen. Pan adawodd hi, troais at Connagh, cyn gofyn, "Beth ddywedodd hi?" Do'n i ddim wedi deall yr un gair. Chwarddodd, ac meddai e, "Gog yw hi Dad." Gofynnais innau, "Beth ma' hynny'n ei olygu?"

"Mae hi'n dod o Ogledd Cymru, Dad."

Am y tri mis nesaf, gwrandewais i ar Dafydd Du ar y radio er mwyn arfer gyda'r acen.

Yn y cyfamser, ro'n i'n dal i weithio yn ASW. Un noson – yng nghaban y dynion lletwad – gofynnodd y bechgyn i mi, "Wayne, pam wyt ti'n dysgu Cymraeg? Mae'n wastraff amser."

Gwenais i, a dweud, "Achos dw i'n ei hoffi fe."

Y Trobwynt

Ar ôl colli fy swydd, ro'n i'n dal mewn cyflwr o sioc – yn dioddef o ofn a dicter; ofn, yn enwedig. Ro'n i wedi gweithio yn ASW am bron i 25 mlynedd; dur oedd yr unig beth ro'n i'n ei wybod. Mae'n deimlad ofnadwy pan fo'ch byd chi wedi'i droi wyneb i waered. Ro'n i mewn panig. Beth o'n i'n mynd i'w wneud? Roedd gen i forgais i'w dalu, dau o blant a gwraig a oedd yn dibynnu arna i.

Rhai wythnosau'n ddiweddarach, dywedodd un o swyddogion yr undeb wrthym ni fod cwmni o'r enw Steel Partnership Training yn dod i ymweld â ni, o rywle yn Lloegr. Yn ôl bob sôn, roedden nhw'n dod i'n hysbrydoli ni ac i roi gobaith inni. Cwrddon ni yn y Clwb Rheilffordd yn Sblot. Pan gyrhaeddais i, roedd stondinau ym mhobman, yn cynnig cyfleoedd swyddi newydd. Fe grwydrais i o gwmpas, yn mynd o stondin i stondin, ond doedd gen i ddim diddordeb – ro'n i'n rhy isel. Yna, clywais wraig yn gofyn i ni gymryd sedd. Dydw i ddim yn cofio ei henw, ond dw i'n cofio ei geiriau; fe wnaethon nhw fy newid am byth. Galla i ei weld nawr; roedd y lle dan ei sang, ac roedd y gweithwyr yn aros am y geiriau a fyddai'n rhoi gobaith iddyn nhw ac yn eu hysbrydoli. Yna, fe ddywedodd hi'r geiriau a wnaiff aros gyda mi hyd ddydd fy marw. "Dw i'n gwybod eich bod chi i gyd mewn sioc, yn grac ac yn ddigalon," meddai hi, "ond, edrychwch arni mewn ffordd wahanol... pan fydd un drws yn cau, bydd un arall yn agor."

Mae'r dagrau'n dechrau llifo wrth imi ysgrifennu hyn; dim ond ychydig eiriau – rhai syml, ond pwerus – geiriau a helpodd mewn ffyrdd na allwn i erioed fod wedi dychmygu. Roedd fy nghanfyddiad i wedi newid yn gyfan gwbl. Fe glywais i fy llais mewnol yn gofyn i mi, Wayne, beth wyt ti'n hoffi ei wneud, beth ydy dy gryfderau di? Daeth i mi mewn fflach; ieithoedd, ro'n i'n caru ieithoedd. Do'n i ddim yn gallu credu beth oedd yn tyfu yn fy meddwl i. Es i i weld fy hen ddiwtor, Clive Rowlands yn y Brifysgol yng Nghyncoed. Dywedais i wrtho fe, "Clive, dw i eisiau bod yn athro Cymraeg ail iaith."

Meddai yntau, "Mae'r cwrs yn anodd, Wayne; bydd rhaid i ti astudio'n galed iawn. Wyt ti'n siŵr am hyn?"

"Ydw," oedd f'ateb i.

Felly, yn 51 mlwydd oed, sefais i o flaen drws y dosbarth gyda 'nwrn yn hofran yn yr awyr yn barod i gnocio. O'n i ar fin gwneud camgymeriad mwya 'mywyd? Heb betruso ymhellach, fe gnociais i. Wrth agor y drws, fe welwn i fyfyrwyr hanner fy oed. Ddylwn i ddim fod wedi poeni am hynny, oherwydd mi helpon nhw fi'n fawr; roedd y cwrs wir yn anodd.

Pan gofrestrais i i ddilyn y cwrs dysgu Cymraeg, yng Ngholeg Cyncoed, Caerdydd, Clive Rowlands oedd pennaeth yr adran; a Clive drefnodd 'mod i'n cael mynd i ymarfer dysgu mewn gwahanol ysgolion. Bob yn awr ac yn y man, byddai'n ymweld â'r ysgolion er mwyn arsylwi arna i'n dysgu Cymraeg fel ail iaith, ac i roi cynghorion i fi ar y dechneg o ddysgu. Roedd yn gymeriad unigryw, ac yn athro arbennig iawn.

Roedd y cwrs yn anodd iawn i fi; yn ddyn hanner cant oed, a'r byd academaidd yn ddieithr iawn imi ac i'w weld yn ddigon rhyfedd ar y pryd. Cofiwch, ro'n i wedi treulio bron i chwarter canrif yn gweithio yn y gwaith dur, ac roedd rhaid i mi ddysgu ac addasu yn gyflym iawn i fywyd gwahanol iawn.

Roedd y rhan fwyaf o'r myfyrwyr ar y cwrs yn eu hugeiniau cynnar. Rhaid eu canmol am fod mor gefnogol i fi. Dw i'n cofio eistedd o flaen fy nghyfrifiadur, a finnau wedi rhewi gan ofn. Fel rhan o'r cwrs, roedd rhaid i mi ysgrifennu llythyr swyddogol yn y Gymraeg. Doedd dim syniad 'da fi beth i'w wneud, felly penderfynais i ffonio un o'r myfyrwyr yn fy nosbarth. Dywedais wrthi, "Helen, 'sa i'n gw'bod beth i'w neud. Dw i'n eistedd wrth y cyfrifiadur, ond do's dim geirie'n dod." Atebodd hithau, "Wayne... ymlaciwch, anadlwch, a dechreuwch ysgrifennu unrhyw beth. Fe ddaw bob dim yn iawn wedyn, gewch chi weld." Fe weithiodd ei chyngor, ac fe wnes i gwblhau fy llythyr.

Fe wnes i ddod ymlaen yn dda iawn gyda fy nghydfyfyrwyr, er gwaetha'r gwahaniaeth oedran. Bydden ni'n mynd am goffi ar y campws; a bob hyn a hyn, bydden ni'n mynd am beint i'r dafarn. Fe ddaeth rhai ohonyn nhw hyd yn oed i ddathlu 'mhen-blwydd i'n 50 yn y clwb rygbi. Yn anffodus, dydw i ddim yn cofio enwau fy nhiwtoriaid, ar wahân i Clive a thiwtor o'r enw Margaret, o Bentyrch. Dw i'n ei chofio hi'n dweud wrthym ni, "Os gallwch chi ddysgu un disgybl i siarad Cymraeg, byddwch chi wedi llwyddo."

Dw i'n cofio un diwrnod, yn yr haf; ro'n i'n sefyll ar fainc yng nghanol y dref, yn teimlo'n ddigalon iawn. Yna, gwelais griw o fyfyrwyr mewn gynau a chapiau duon yn canu ac yn chwerthin; wrth gwrs, roedd yn ddiwrnod graddio. Cododd fy ysbryd ar ôl gweld hynny. Reit, meddyliais, flwyddyn nesaf, bydda innau'n gwisgo gŵn du a chap ar fy mhen. Roedd yn un o ddyddiau balchaf fy mywyd pan, yn 54 oed, sefais i ar y llwyfan i dderbyn fy nhystysgrif – a golwg o hapusrwydd ar wynebau fy mam a 'ngwraig. Nawr bod gen i amser i fyfyrio, rydw i'n credu 'mod i wedi cyflawni rhywbeth gwych. Un, dw i'n gobeithio a fydd yn ysbrydoli, nid jyst fy myd Cymraeg i, ond bywyd yn gyffredinol. Gobeithio hefyd y bydd yr hyn a wnes i'n ysbrydoliaeth i eraill.

Ar ôl graddio yn 2004, fe ges i swydd fel athro Cymraeg ail

iaith yn Ysgol Uwchradd Mair Ddihalog yng Nghaerdydd. Bues i'n gweithio yno am chwe blynedd. A bod yn onest, roedd e'n gyfnod anodd iawn. Yn gyntaf, am fod gan yr ysgol lawer o broblemau, oherwydd ymddygiad gwael y disgyblion – ar y pryd; ac yn ail, oherwydd bod y Gymraeg yn bwnc gorfodol. Felly, roedd yn rhaid i mi geisio dysgu pwnc gorfodol i rai disgyblion a oedd yn ei gasáu. Do, mi wnes i drio 'ngorau glas i'w hysbrydoli nhw, ond ro'n i'n teimlo 'mod i'n nofio yn erbyn y llanw. Wedi dweud hynny, ro'n i'n cofio geiriau Margaret, fy nhiwtor, sef bod cael un disgybl yn unig i ddysgu Cymraeg yn llwyddiant.

Yn eironig, flynyddoedd yn ddiweddarach, fe dderbyniais i neges gan un o 'nghyn- ddisgyblion. 'Mr Howard,' meddai, 'rwyf wedi anfon fy mhlentyn i ysgol Gymraeg. Hoffwn pe bawn i wedi talu mwy o sylw o lawer i'r Gymraeg pan oeddwn i yn yr ysgol.'

Dw i'n cofio ymateb gan ddweud, 'Paid â phoeni, mae 'na ddigon o amser 'da ti o hyd i ddysgu'r iaith.'

Ar ôl gadael yr ysgol, fe dreuliais i bedair blynedd yn dysgu Cymraeg i oedolion yng Nghanolfannau Cymunedol Treganna a Phentwyn. Ro'n i'n dwlu ar ddysgu'r oedolion, oherwydd ro'n nhw eisiau dysgu'r iaith. Mwynheais i'n fawr eu hysbrydoli i ddysgu Cymraeg, a mwynheais i eu brwdfrydedd hefyd. Ro'n i bob amser yn edrych ymlaen at bob dosbarth, a chymerwn i f'amser i gynllunio gwersi hwyliog ac amrywiol. Dysgu Cymraeg i oedolion oedd y profiad gorau gefais i erioed o ran dysgu'r iaith i eraill.

Fe sefais i ar ymyl y dibyn, lledais f'adenydd a hedfanais i – mi hedfanais i! Weithiau mae'n rhaid i chi wynebu'ch ofnau.

Cyfnod o Dywyllwch

TUA 25 MLYNEDD yn ôl, es i trwy gyfnod tywyllaf fy mywyd; cyfnod oedd yn ymwneud â bywyd a marwolaeth. Ro'n i'n hyfforddi yng nghanolfan iechyd a ffitrwydd David Lloyd. Dw i'n cofio clywed llais yn dod dros yr uchelseinydd yn dweud, "Mr Wayne Howard, dewch i'r dderbynfa os gwelwch yn dda." Dywedodd y derbynnydd fod ganddo alwad ffôn i mi. Atebais y ffôn; fy chwaer Dawn oedd yno, ac roedd hi'n crio. Dywedodd fod ein brawd Mark wedi marw. Roedd e'n sioc ofnadwy clywed hynny. Roedd Dawn a Mark yn rhannu cysylltiad neu fond arbennig. Roedd y ddau ohonyn nhw'n dioddef o anemia cryman-gell, sef anhwylder gwaed prin a geir ymhlith pobl o'r Caribî ac o Affrica.

Bu farw Mark yn Ysbyty Medway yng Nghaint. Gyrrodd cariad fy chwaer ni i'r ysbyty. Aeth fy chwaer a fi i mewn i'r stafell ble, yn gorwedd yn farw ar wely'r ysbyty, roedd fy mrawd. Pan welodd fy chwaer fy mrawd, fe dorrodd allan i grio a thaflu ei hun dros gorff ein brawd, gan wylo mewn galar. Am ryw reswm morbid, edrychais i i fyw llygaid fy mrawd. Do'n i erioed wedi gweld person marw o'r blaen.

Ychydig fisoedd yn ddiweddarach, bu farw fy chwaer Julie mewn amgylchiadau trasig iawn. Fe gafodd ei marwolaeth hi effaith ofnadwy arna i a Lynda. Yn y cyfamser, roedd fy chwaer Terry – a oedd yn byw yn Ne Ffrainc, ar y pryd – yn dioddef o gancr y stumog. Bu'n rhaid i'r meddygon dynnu ei choden fustl a rhan o'i pherfedd.

Yr *Abyss*

Yn 2001, fe ddigwyddodd rhywbeth a gafodd effaith ddwys iawn, iawn ar fy mywyd; digwyddiad oedd fel y sialens fwyaf bosibl i mi, a wnaeth fy ngwthio i'r eithaf a chreu'r person yr ydw i heddiw. Yn Saesneg, dw i'n galw'r hyn ddigwyddodd – neu'r lle'r ymwelais ag e, efallai – yn *The Abyss*; gair brawychus, gair dwfn, yn llythrennol. Mae gan bob un ei ffordd o ddelio â thrasiedi a thrawma. Roedd yn rhaid i mi ymdopi â thri thrawma mewn cyfnod o tua chwe mis. Yn y pen draw, fe wnes i golli rheolaeth a thorri i lawr. Do'n i ddim yn gallu cysgu; ro'n i'n bryderus ac yn gynhyrfus iawn drwy'r amser. Roedd Connagh ac Elinor yn ifanc iawn ar y pryd, ac roedd Lynda yn bryderus iawn. Es i i weld y meddyg a wnaeth roi tabledi gwrth-iselder i mi.

Dw i'n cofio mynd i weld ffrind un noson. Fe wnes i yfed llawer o alcohol y noson honno, gan greu cymysgedd drwg iawn o alcohol a meddyginiaeth gwrth-iselder. Fe gyrhaeddais i adre yn hwyr, mewn cyflwr meddw a gwallgof; mae gen i gywilydd mawr cyfaddef. Fe ddeffrais i 'ngwraig a 'mhlant, oedd wedi arswydo. Doedden nhw erioed wedi gweld eu tad yn y cyflwr hwn o'r blaen. Yn dilyn y digwyddiad brawychus, es i weld y meddyg eto. Gallai weld fy mod wir mewn cyfyng-gyngor. Anghofia i fyth yr hyn a ddwedais i wrtho: "Os na wnewch chi fy rhoi i yn Ysbyty Eglwys Newydd nawr, byddwch chi'n darllen amdana i yn y *South Wales Echo*." Bryd hynny roedd yr ysbyty'n adnabyddus am drin cleifion a chanddynt broblemau seiciatrig.

Fe dreuliais i bum mis yn yr ysbyty ble bu'n rhaid

i'r meddygon ddod o hyd i'r tabledi cywir i'w rhoi i mi, er mwyn bod yn effeithiol. Bryd hynny, fe gymerais i feddyginiaeth a gafodd effaith wael iawn ar fy hwyliau. Yn ystod y cyfnod hwn, dw i'n cofio Lynda yn dweud wrtha i bod Mark fy mrawd wedi marw oherwydd esgeulustod glendid yn yr ysbyty. Pan glywais i hyn, fe es i'n wallgof, gan ymddwyn fel anifail gwyllt. Fe wnes i boeri a rhythu ar y nyrsys, a geisiodd fy nhawelu, nes i un ohonyn nhw orfod pwyso'r botwm coch 'panig' – a daeth nifer o nyrsys i f'atal i. Fe dreuliais i'r noson honno mewn gofal dwys o dan wyliadwriaeth hunanladdiad.

Y diwrnod canlynol, newidiodd y meddygon fy meddyginiaeth. Yn ffodus, ddigwyddodd y fath beth ddim wedyn. Er hynny, dw i'n cofio eistedd yn y gwely ysbyty, yn teimlo'n isel iawn. Fe alwais i ar y nyrs a dweud wrthi 'mod i wedi cael digon, 'mod i'n mynd i ladd fy hun. Ro'n i'n disgwyl iddi fynd i banig, ond er mawr syndod i mi, dywedodd hi y byddai'n dod yn ôl mewn munud. Yn wir i'w gair, daeth yn ôl gyda darn o bapur a phensil. Yna meddai, "Wayne dw i eisiau i chi blygu'r papur yn ddau hanner. Cymerwch eich amser a meddyliwch yn ofalus iawn. Ar y chwith, ysgrifennwch yr holl resymau dros fod eisiau byw; ac ar y dde, yr holl resymau dros beidio â bod eisiau byw. Dechreuais i ysgrifennu ar yr ochr chwith. Beth fyddai'n digwydd i Connagh ac Elinor, fy mhlant annwyl, ac i f'annwyl wraig Lynda? Byddai eu bywydau'n cael eu difetha. Beth am fy nithoedd a fy neiaint, a'r teulu Howard yn gyffredinol – pa effaith fyddai hynny'n ei gael arnyn nhw? Yn ffodus, sgrifennais i ddim byd ar yr ochr dde. Roedd y dasg hon wedi dod â fi at fy synhwyrau. Wrth feddwl am y peth, dw i'n meddwl bod y nyrs wedi cymryd risg fawr; beth petawn i wedi sgrifennu mwy ar y dde na'r chwith?

Ro'n i'n chwilfrydig i nodi gwahanol ymatebion fy rhieni pan es i i'w gweld a dweud wrthyn nhw am fy iselder. Ceisiodd Dad ddangos cryfder, gan fod yn eithaf llym gyda fi. *"Pull yourself together, boy,"* meddai. Dw i'n cofio meddwl y byddwn i'n gwneud, 'taswn i'n gallu, Dad. Ar y llaw arall, roedd Mam yn fy nhrin â chariad a thynerwch. Fe wnaeth hi 'nghofleidio, a theimlais i'n ddiogel iawn yn ei chofleidio hithau. Dros amser, dechreuais i deimlo'n well a chefais fy anfon adre, ond doeddwn i ddim allan o berygl eto. Ychydig wythnosau'n ddiweddarach, fe ges i ail bwl – a bu'n rhaid i mi ddychwelyd i'r ysbyty. Gyda'r driniaeth a'r therapi cywir, es i adre eto – byth i ddychwelyd. Doedd hyn ddim yn golygu bod y frwydr drosodd; jyst bod gen i'r offer oedd eu hangen arna i i ymdopi â fy salwch.

Mae Lynda yn cofio'r cyfnod yn glir:

Ar y pryd, nid Wayne oedd yr unig un oedd yn dioddef; roedd e'n amser anodd iawn i'r ddau ohonom ni. Buodd fy chwaer farw yn 35 mlwydd oed. Roedd hi'n alcoholig, ac roedd ganddi blant oedd yn bedair ar ddeg ac un ar ddeg mlwydd oed pan y buodd hi farw.

Roedd gen i blant ifanc, ac roedd yn rhaid i mi ei gwylio hi'n lladd ei hun. Menyw ifanc, brydferth nad oedd am fod yma ar dir y byw ddim mwy, yn yfed ac yn yfed ac yn yfed. Roedden ni i gyd yn gallu gweld ei bod hi'n marw. Roedd ganddi edema ac roedd hi'n chwyddo lan. Ac roeddech chi'n medru ogleuo marwolaeth – roedd e cynddrwg â hynny. Ym mis Mawrth 1999, roedd rhaid i mi adael gwaith oherwydd iselder ysbryd. Felly, roedd y ddau ohonom ni – Wayne a finnau – yn dioddef oherwydd iselder ysbryd, ond yn wahanol o ran ein ffyrdd o ddelio 'da fe. Roedd e'n gofyn am sylw tra 'mod i yn delio 'da'r un peth yn dawel. Roedd e'n disgrifio'i salwch fel tase fe'n rhywbeth oedd ond yn digwydd iddo fe, ac roedd e angen sylw oherwydd hynny. Ond ro'n i'n cadw'n dawel. O'n i'n stryglo cyn i fy chwaer farw, ond fe wnaeth ei marwolaeth hi fy llorio i'n llwyr. Hyd yn oed nawr, 25 mlynedd yn ddiweddarach, dw i'n dal dan deimlad ynghylch y peth. O'n i'n cwmpo'n racs; yn hollol *distraught*.

Buodd Julie farw fis Gorffennaf 1999, a buodd Mark – brawd Wayne – farw fis Tachwedd. Roedd gan Mark *sickle cell* llawn, felly roedden ni'n gwybod bod terfyn pendant ar ei fywyd. Diweddodd yn yr ysbyty, ble wnaeth e ddal haint a wnaeth achosi trawiad ar y galon. Tydy e ddim yn arferol i un aelwyd golli brawd a chwaer mewn cyfnod byr fel 'na – a'r ddau ohonyn nhw mor ifanc. Roedd Mark yn 38, a chanddo fe ferch deirblwydd oed – yr un oedran ag Elinor. Roedd e'n ofnadwy.

Y mis Ebrill canlynol, roedden ni i fod i fynd i Disneyland; ond roedd Wayne yn teimlo'n isel iawn, felly wedais wrtho fe am fynd i weld y doctor. Gafodd e foddion, sy wedi'u gwahardd yn America; ac wedi iddo fe gymryd peth, mi wnaeth Wayne a'i ffrind feddwi'n dwll ar alcohol a'r tabledi 'ma. Tua tri neu bedwar yn y bore, daeth Wayne adre ac roedd e'n wyllt, yn ffrothian o gwmpas ei geg – mewn cyflwr gwael iawn, iawn. Roedd yn dreisgar hefyd, felly roedd rhaid i mi alw ei rieni; o'dd gen i dri o blant yn y tŷ – dau fy hun, a fy nai.

Gofynnais i'w rieni dderbyn Wayne i'w tŷ nhw. Wedi cysgu, daeth e adre. Fe aethon ni i Disneyland, gan gadw llygad ar Wayne – o'dd ddim yn dda; a phan ddaethon ni 'nôl i Gymru, dywedais i wrtho fe bod angen iddo fe weld doctor. Aeth i weld y doctor a wnaeth ofyn iddo a fyddai'n fodlon mynd yn wirfoddol i Ysbyty Meddwl yr Eglwys Newydd; a chytunodd i wneud hynny. Bu'n rhaid i mi ei adael e yno; a'r diwrnod canlynol, roedd Wayne yn yr uned gofal dwys, ble roedd rhywun yn cadw golwg arno fe 24/7. Doedd e ddim yn medru cysgu o gwbl – dyna ran o'r broblem – ac oherwydd ei fod wedi mynd yno'n wirfoddol, doedden nhw'n methu â'i orfodi i aros yn y lle.

Ambell waith, byddai Wayne yn troi lan wedi cerdded o'r ysbyty yn yr Eglwys Newydd; a byddai'n rhaid i mi eu ffonio nhw i ddod i'w gasglu fe. O'dd e 'na am ddeufis, dri; ac o'n i yma ar ben fy hun ac yn ceisio, fel teuluoedd eraill, edrych ar ôl y plant 'ma oedd wedi colli rhiant. Roedd e'n anodd iawn cadw popeth gyda'i gilydd; yn boenus iawn. Es i i gyfarfodydd gyda'r seiciatrydd, a dyna ble roedd Wayne yn amsugno'r holl sylw: roedd ganddo fe wely, bwyd o'i flaen, rhywun yn gwneud y golchi, ac yn gweini ei dabledi'n gyson – roedd e fel byw mewn gwesty. Fi, wel, oedd rhaid i fi ddal pethau at ei gilydd – cadw'r plant yn dawel – ond ro'n i'n cwmpo'n rhacs. Gofynnodd y seiciatrydd imi un diwrnod sut o'n i'n meddwl oedd Wayne yn ei 'neud, ac fe gwympais i'n ddarnau. Fe ddwedais i, "Ma Wayne yn gneud yn wych." Ond o'n i'n casáu'r ffaith ei fod e mor hunanol; mae Wayne yn medru bod yn hunanol. Gofynnodd y seiciatrydd i mi ddod i'r clinig, felly es i yno'r wythnos ganlynol – ble wnaeth e roi mwy o ddos o dabledi gwrth-iselder i mi. O'dd e'n gyfnod gwael, ac roedd 'na gyfnodau pan wnes i ystyried dod â phethau i ben. Ond roedd yn rhaid i mi ddelio 'da phethau, er mwyn y plant. Ges i gwnsela, a hefyd, fe gawson ni therapi fel teulu – o'dd yn wych.

Roedd y plant druan wedi colli ewythr a modryb, ac roedd eu tad yn yr ysbyty. Wnes i guddio hynny am sbel, gan ddweud bod, "Dadi'n gweithio bant"; ond yn y pen draw – erbyn y bedwaredd neu'r bumed wythnos – roedd hi'n anodd iawn. Trefnodd yr ysbyty bod 'na stafell ar ein cyfer ni, er mwyn mynd â'r plant i weld Wayne. Drwy hyn, a'r sesiynau therapi, roedden nhw'n dod i ddeall nad oedd Dad yn teimlo'n iach.

Gyda'r driniaeth iawn a'r therapi, llwyddon ni i ddod drwy hynna i gyd. Roedd iselder Wayne yn dod o adweithio i bethau, tra bod iselder clinigol yn rhedeg drwy ein teulu ni – gan gynnwys Dad. Dw i'n credu bod gen i elfen o hynny.'

Wayne ar Ysbrydoli Pobl Eraill

MAE YSBRYDOLI POBL yn bwysig iawn i mi. Dw i'n teimlo mor hapus o wybod fy mod wedi gwella bywydau pobl eraill. Maen nhw'n dweud y gallwch chi droi profiad negyddol yn un positif. Dyna beth ddigwyddodd i mi, er i'r profiad positif cyntaf ddigwydd yn anfwriadol. Ro'n i'n dioddef o iselder pan o'n i'n gweithio yn ASW. Yno, roedd y bechgyn yn fy edmygu i, am ryw reswm; efallai oherwydd 'mod i'n dda iawn mewn chwaraeon neu'n gallu siarad rhai ieithoedd, pwy a ŵyr? Ar y dechrau, pan glywson nhw fod eu harwr Wayne Howard mewn ysbyty seiciatrig, fe gawson nhw sioc. Ond, pan ddychwelais i i'r gwaith, dechreuodd ychydig o'r bechgyn siarad â fi am eu hiselder hwythau hefyd.

Gofynnais iddyn nhw, "Pam wnaethoch chi siarad â fi?"

Fe atebon nhw, "Os gall ein harwr Wayne Howard ddioddef o iselder, gall unrhyw un."

Mae'n rhaid i chi ddeall y diwylliant yn ASW. Byddai cyfaddefiad gan weithiwr dur – cryf a chaled – ei fod yn dioddef o iselder yn medru cael ei weld fel arwydd o wendid. Dw i'n credu bod yr hyn a ddigwyddodd i mi wedi rhoi dewrder iddyn nhw siarad.

Un diwrnod, fe ges i alwad ffôn gan BBC Cymru.

Roedd yna rywun yno o'r enw Nia Dryhurst, ac roedd hi eisiau siarad â fi. Dywedodd wrtha i fod stigma mawr yng Nghymru ynghylch iselder. Awgrymodd ei fod yn rhywbeth nad oedd yn cael ei siarad amdano. Sut roedd hi'n gwybod am fy salwch? Dw i ddim yn gwybod, neu ddim yn cofio. Beth bynnag, gofynnodd i mi a fyddwn i'n barod – ynghyd â phobl eraill oedd yn dioddef o iselder – i wneud rhaglen ddogfen, i helpu i geisio cael gwared ar y stigma. Fe gytunais i i gyfrannu. Enw'r rhaglen ddogfen oedd *Camu Ymlaen*. Yn ystod y rhaglen, siaradais i â seiciatrydd a chyda phobl eraill oedd yn dioddef o'r salwch.

Angel Gwarcheidiol a Nerth Mewnol

Eto, tua 25 mlynedd yn ôl – pan o'n i'n dal i wella o iselder, fel y soniais i ar y dechrau, daeth rhywun at y tŷ mewn helmed fotobeic a gwisg ledr ddu. Doedd dim clem 'da fi pwy oedd y person tan y cododd e'r *visor*. Roedd ganddo bâr o lygaid melyn a chroen brown tywyll. Adnabyddais i'r wyneb yn syth; fy mrawd Mark oedd e. Ro'n i'n gwybod o weld ei lygaid melyn ei fod yn sâl, ac yntau wedi dioddef o anemia cryman-gell ar hyd ei oes. Roedd yn sioc, ond yn syndod pleserus iawn, gweld fy mrawd ar ôl yr holl amser; buon ni'n siarad am oriau.

Ac yntau ar fin gadael, ar gefn ei feic modur, edrychodd arna i a dweud (os cofiwch chi), *"Brother, you are much better than you think you are."* Fe edrychais i arno fe mewn dryswch, ond nodiodd ei ben beth bynnag. Dyna'r tro olaf imi ei weld e'n fyw. Dair blynedd yn ddiweddarach, daeth geiriau fy mrawd yn wir. Fe es i trwy gymaint o emosiynau – a ches i 'mhrofi i'r eithaf – ond rhywsut, fe wnes i raddio o Athrofa Prifysgol Cymru gyda gradd i ddysgu Cymraeg fel ail iaith.

Annwyl ddarllenwyr, efallai y gallwch chi fy helpu i gyda

dau gwestiwn nad ydw i wedi gallu eu hateb. Beth welodd fy mrawd Mark yno' i, nad o'n i'n gallu ei weld, ac o ble y ces i'r cryfder i raddio ac i ddod yn athro Cymraeg? Nerth mewnol neu ymyrraeth ddwyfol?

Offer ar gyfer y Corff, y Meddwl a'r Enaid

Ers dyddiau'r ysgol gynradd hyd heddiw, rydw i wastad wedi mwynhau chwaraeon; mae'n ffordd dda o ryddhau dicter mewn ffordd adeiladol a phositif. Erbyn i mi gyrraedd yr ysgol uwchradd, ro'n i wrth fy modd yn herio fy hun ac yn cystadlu yn erbyn eraill. Hyd yn oed nawr, a finnau'n 70 oed, ychydig iawn sy wedi newid yn hyn o beth.

Yn fy ugeiniau, ro'n i'n ymarfer *kung fu* a *karate*; y meistr Bruce Lee oedd f'ysbrydoliaeth i. Ro'n i'n mwynhau'r ddisgyblaeth roedd y crefftau ymladd hyn yn ei rhoi i mi. Fe wnaethon nhw gryfhau fy meddwl a 'nghorff, gan ddefnyddio ymarferion a driliau amrywiol. Bues i'n ymarfer *kung fu* am tua chwe blynedd. Does dim llawer o wahaniaeth rhwng y ddwy grefft; dechreuodd *kung fu* yn Tsieina a *karate* yn Japan. Ro'n i hefyd yn hoffi athroniaeth crefft ymladd; gwybod sut i amddiffyn eich hunan. Mae'n magu hunanhyder, disgyblaeth a heddwch mewnol; pan rydych chi'n gwybod beth rydych chi'n gallu ei wneud, does dim angen ichi brofi'ch hun.

Wedi dweud hynny, pan o'n i yn fy ugeiniau, ro'n i wrth fy modd gyda'r her o gystadlu – yn teimlo fel gladiator; ro'n i wedi hyfforddi fy meddwl a 'nghorff trwy flynyddoedd o hyfforddiant trwyadl. Nawr, roedd y prawf terfynol yn aros amdana i; roedd hi'n amser anadlu'n ddwfn, ymlacio 'nghorff a chanolbwyntio... Amser i wynebu dy ofn, Wayne; wyt ti'n barod? Dw i'n cofio fy nhwrnamaint cyntaf yn dda, yn Birmingham; roedden ni'n dîm o bump. Tro fy ffrind oedd e i ymladd yn gyntaf. Ychydig funudau wedyn, fe ddaethon nhw ag e 'nôl ar stretsier – gwaed yn arllwys o'i geg. Fy nhro i oedd e nesaf. Mae ofn yn ysgogiad cryf ar adegau. Pan welais i gyflwr fy nghyd-aelod, ro'n i wedi dychryn. Pan alwon nhw f'enw i, fe es i sefyll o flaen fy ngwrthwynebydd; ymgrymu, yna neidio i'r awyr ac anelu cic yn syth i'w wyneb. Roedd yn fater o oroesi, a'i daro fe cyn iddo fe allu 'nharo i.

Fe enillais i, ac fe gollais i, lawer o ornestau. Pan ro'n i'n ennill, ro'n i'n orfoleddus; pan ro'n i'n colli, ro'n i'n derbyn 'mod i wedi cael fy nhrechu – dysgu o'r profiad a symud ymlaen – yn union fel bywyd. Efallai bod fy mlynyddoedd o hyfforddiant crefft ymladd wedi 'mharatoi ar gyfer yr heriau oedd i ddod?

Charles Atlas

Body-builder Americanaidd/Eidalaidd oedd Charles Atlas; roedd e'n boblogaidd iawn yn y 60au a'r 70au. Pan o'n i'n tyfu lan, ro'n i'n arfer darllen amdano fe; ro'n i'n arfer ei edmygu – edmygu ei gyhyrau. Yn y 70au, creodd ei gwrs corfflunio ei hun. Byddai miloedd o ddynion ifanc yn archebu ei gwrs, er mwyn gallu edrych yn fawr ac yn gryf, yn union fel fe.

Anghofia i fyth un o'r hysbysebion ar gyfer ei gwrs; golygfa o ddyn tenau yn eistedd ar draeth gyda'i gariad. Yn sydyn dyma ddyn ifanc cyhyrog yn cerdded heibio ac yn cicio tywod i'w wyneb. Dyma pawb ar y traeth yn dechrau chwerthin, ac eithrio ei gariad, a ddechreuodd grio. Dan y llun roedd capsiwn yn gofyn, 'Wyt ti'n mynd i adael iddo fe gicio tywod i dy wyneb?' – a oedd yn awgrymu, pe baech chi'n fawr ac yn gryf, na fyddai hynny'n digwydd i chi. Fydden nhw ddim yn caniatáu hysbyseb fel hon heddiw, ond bryd hynny, roedden nhw'n defnyddio cywilydd i'ch ysgogi chi i brynu'r cwrs.

Wrth gwrs, fe gafodd effaith arna i, felly penderfynais

i fynd i'r *Central Boys' Club* ar bwys Tre-biwt. Hyd yn oed cyn i mi fynd i mewn i'r gampfa, i fyny'r grisiau yn y clwb, roeddwn i'n gallu clywed griddfanau o boen. Roedd hi'n swnio fel stafell arteithio, yna daeth y drewdod erchyll o chwys gwrywaidd i 'nghwrdd i. Yn sicr, doedd hwn ddim yn lle i'r gwan, annwyl darllenwyr... Jôc fwriadol, wrth gwrs! Yn gyntaf, fe ddysgais i enwau cyhyrau'r corff: y cyhyrau deltaidd (blaen, ochr ac ôl), y cyhyrau pectoraidd, y *latissimi dorsi*, y cyhyrau deuben *(biceps)*, triphen *(triceps)*, pedryben *(quadriceps)*, y *gluteus maximus*, cyhyrau croth y goes *(calves)*, cyhyrau'r abdomen, ac ati. Yna, fe ddysgais i pa ymarferion y dylwn i eu gwneud i helpu bob cyhyr i dyfu.

Yr hyn ro'n i'n dwlu arno am gorfflunio oedd mai fi oedd cerflunydd fy nghorff fy hun. Wedi cael yr offer, roedd angen defnyddio pŵer, ewyllys, ymroddiad, penderfyniad a dyfalbarhad i lwyddo. Fe fwynheais i lunio ac adeiladu'r corff cyfan, y gwaith caled a'r cyfeillgarwch. Hyd yn oed nawr, dw i'n defnyddio pwysau i gadw'n heini ac i gadw fy meddwl a 'nghorff yn gryf. Dydw i ddim wir yn gwybod sut i ddisgrifio 'mhersonoliaeth, ond os ydw i'n gwybod un peth, mae angen imi herio fy hun yn gyson – rhag bodloni ar gysurdeb. Mae'n debyg mai dyna pam 'mod i'n chwarae cymaint o wahanol chwaraeon ac wedi ymarfer gwahanol grefftau eraill.

Wrth i mi fynd yn hŷn, fe gymerais i ddiddordeb mawr yn y disgyblaethau Tsieineaidd *Tai Chi* a *Qigong*. Dechreuodd *Tai Chi* yn ystod Brenhinllin Tang 618-96 AD, fel hunanamddiffyniad yn erbyn goresgynwyr. Ond heddiw, yn Tsiena, ac yn y rhan fwyaf o wledydd y byd, mae'n ffordd fwy hamddenol o ymarfer a chadw'ch corff a'ch meddwl mewn cytgord – gan ddefnyddio symudiadau ysgafn, araf. Mae'r math hwn o ymarfer corff yn fuddiol iawn i'r henoed, sy'n dioddef o boen yn y cymalau – gan nad ydy e'n rhoi unrhyw straen ar y cymalau.

Byw yn y Presennol

Byw yn y presennol... Beth mae hyn yn ei olygu? Gadewch i mi roi enghraifft i chi. Un tro, ar ôl shifft nos yn ASW, roedd y bechgyn yn cael cawod. Fe ddwedais i wrth fy ffrind Tony, "Ti ddim yn y gawod nawr, wyt ti?"

Edrychodd arna i fel pe bawn i'n wallgof, ac meddai, "Beth ti'n feddwl, 'ti ddim yn y gawod nawr'?"

"Wel," meddwn i, "wyt ti'n synhwyro gwres y dŵr cynnes ar dy groen, sŵn y gawod, arogl y siampŵ; wyt ti'n gwrando ar y bois yn siarad? Neu, wyt ti'n meddwl am beth ti'n mynd i'w wneud ar ôl cyrraedd adre – gwylio'r teledu, darllen papur, gweithio yn yr ardd? Mae dy gorff di yn y gawod, ond mae dy feddwl di yn y dyfodol; felly dwyt ti ddim yn byw yn y presennol."

Daeth golwg o sylweddoliad dros ei wyneb.

I mi, i ryw raddau, mae byw yn y byd modern yn anodd. Pam? Oherwydd, dydyn ni byth yn byw yn y presennol. Rydyn ni bob amser yn rhuthro o un lle i'r llall, fel mwncïod mewn cawell, byth yn aros yn llonydd a mwynhau'r foment. Dyna pam dw i'n mwynhau *Tai Chi*, oherwydd bod y symudiadau mor araf. Dw i'n cael amser i arafu, ac i fyw yn y presennol, defnyddio fy synhwyrau i werthfawrogi ac i edmygu'r byd o 'nghwmpas.

Mae *Qigong* yn golygu gweithio gyda'ch grym, yr egni byw sy ynoch chi ac sy o'ch cwmpas. Mae tair prif agwedd ar *Qigong*; meddygol, ar gyfer iechyd a bywiogrwydd; ysbrydol, i gysylltu â'r dwyfol; a'r ymladd, i storio ynni ac i amddiffyn eich hun. Dw i'n ymarfer *Zhan Zhuang Qigong*, sy'n golygu 'sefyll fel coeden'. Mae'n gyfuniad o *Qigong* meddygol ac ysbrydol. Mae'n cynnwys ystumiau sefyll, lle nad ydych chi'n symud, ac yn defnyddio delweddu hefyd. Fe wna i egluro'r ystum sylfaenol… Dw i'n sefyll gydag ystum hamddenol; mae fy nghoesau i fel gwreiddiau coeden yn mynd yn ddwfn i'r ddaear. Rhan uchaf fy nghorff yw'r canghennau, sy'n ymestyn am y nefoedd; dyma pam mae delweddu yn bwysig, i helpu i gyflyru'ch meddwl i stad o fyfyrdod. Os safwch chi gyda'r ystum hwn, gyda'ch coesau wedi plygu ychydig, bydd dau beth yn digwydd. Bydd eich coesau'n dechrau brifo a bydd eich meddwl fel mwnci mewn cawell. Rydyn ni wedi arfer bod ar frys, felly gall sefyll yn llonydd am bum munud deimlo fel tragwyddoldeb.

Mae'r ymarfer hwn yn ardderchog ar gyfer hyfforddi'r meddwl a'r corff. Ar fy ngorau, fe wnes i gynnal yr ystum hwn am ugain munud; mae'r effeithiau ar y meddwl a'r corff yn anhygoel, ond annwyl ddarllenwyr, mae honno'n stori arall.

Pêl-droed Americanaidd

Un tro, yn yr wythdegau, ro'n i'n cerdded ym Mharc y Rhath yng Nghaerdydd – ar ddiwrnod heulog braf – pan welais i rai dynion yn gwisgo padiau ysgwydd a helmedau. Ro'n i'n gwybod ar unwaith eu bod nhw'n chwarae pêl-droed Americanaidd. Galwodd un o fy ffrindiau, Martin, fi draw; ro'n i'n arfer chwarae rygbi yn yr ail reng gydag e ar ran St Albans. "Pam na wnei di roi cynnig arni?" meddai. Dywedais innau nad oeddwn i'n gwybod sut i chwarae.

Atebodd yntau, "Dw i'n gwybod bod gen ti gydsymudiad llaw a llygad da, a ti'n medru dal pêl… Beth amdani?"

Awgrymodd y dylwn i drio safle'r *tight end*. Mewn pêl-droed Americanaidd, mae gennych chi'r ymosodwyr a'r amddiffynwyr ar y cae ar yr un pryd. Nod y gêm yw ennill tir, i sgorio *touch down*, gan ddal y bêl neu redeg i mewn i'r *end zone*. Fy nghyfrifoldeb i oedd rhwystro'r tîm arall, neu amddiffyn y *running back* pan oedd e'n rhedeg gyda'r bêl; neu redeg llwybrau penodol er mwyn dal y bêl. Ro'n i'n berffaith ar gyfer y safle hwn, oherwydd ro'n i'n medru dal pêl, ac ro'n i wedi chwarae rygbi a phêl-fasged yn y gorffennol – sy'n defnyddio'r holl sgiliau sy'n angenrheidiol ar gyfer y safle hwn.

Enw fy nhîm oedd 'Mets Caerdydd', a'n prif gystadleuwyr oedd 'Teigrod Caerdydd'. Gyda llaw, fe wnaethon ni eu curo nhw fwy o weithiau nag y gwnaethon nhw ein curo ni – dw i'n falch iawn o ddweud. Mi wnes i chwarae i'r 'Mets' am chwe blynedd, yng nghynghrair y Coca Cola League, gan chwarae yn erbyn timau fel 'Swansea Dragons', 'Yeovil Harriers' (yng Ngwlad yr Haf), 'Bath Gladiators', 'Yates Thundercats', 'West London Aces', 'Manchester Heroes' a'r 'Medway Mustangs'. O'n i'n caru'r gêm, ond o'n i'n teimlo fel myfyriwr hefyd, oherwydd roedd yn rhaid i mi astudio'r patrymau.

Byddai'r hyfforddwr yn arfer rhoi llyfrau i bob aelod o'r tîm, a byddai'n rhaid i ni astudio'r hyn maen nhw'n ei alw – yn Saesneg – yn *"the play"*. Os byddai'r *running back* yn gwneud hyn a hyn, byddai'n rhaid i mi redeg allan i amddiffyn; os byddai'n *quarterback* ni yn galw, *"Blue fifty six, blue fifty six,"* byddai'n rhaid i mi gofio bod hynny'n golygu rhedeg gan ddilyn patrwm penodol. Felly, roedd yn rhaid i mi ddysgu, ac o'n i'n dwlu ar yr agwedd 'na. O'n i'n dwlu ar yr agwedd gorfforol, ond o'n i hefyd yn hoffi'r agwedd arall, sef ei fod e fel chwarae sies; ydy, mae e fel chwarae gêm o wyddbwyll ar ras. Os o'ch chi'n chwarae *offence*, roedd angen gwybod sut i dwyllo'r tîm arall – eu *defence* nhw – gan ddefnyddio'ch ymennydd i wneud hynny. Rhaid dweud 'mod i wedi mwynhau pêl-droed Americanaidd yn fwy na rygbi. Roedd y ddwy gêm yn wahanol iawn; roedd 'na rai pethau'n debyg, ond eto'n wahanol.

Un o'r pethau pwysicaf oedd balans; os oeddech chi'n chwarae *tight end* neu *receiver*, roedd balans yn bwysig iawn – a hefyd cydsymudiad, sef *co-ordination*, roedd hynny'n bwysig hefyd. Os byddai'n rhaid i mi gael y bêl – mae'n nhw'n ei alw fe'n *square out* – byddai'n rhaid i fi redeg yn syth ac wedyn troi i'r dde. Byddai'n rhaid i mi wneud pàs ffug ac wedyn troi i'r dde, felly byddai angen imi edrych dros fy ysgwydd. Felly, roedd yn rhaid i mi fod yn sad ar fy nhraed a chael y cydsymudiad yn iawn cyn taflu'r bêl. Roedd hefyd yn rhaid i mi redeg *posts*; ugain llath ymlaen ac wedyn rhedeg ar draws y cae. Y peth gwaethaf oedd bod yr amddiffyn yn aros amdanoch chi. Dyna un o'r gwahaniaethau mawr rhwng rygbi a phêl-droed Americanaidd. Pan y'ch chi'n chwarae rygbi, ry'ch chi'n gwybod pwy sy'n mynd i'ch bwrw chi; ond, mewn gêm o bêl-droed Americanaidd, mae'r amddiffyn i gyd yn aros amdanoch chi – ac yn mynd i'ch bwrw chi'n galed. Dw i'n dal i fwynhau edrych ar y gêm. Chwaraeodd y tîm mewn cynghrair, gan chwarae yn erbyn timau o bob rhan o Gymru a Lloegr. Fy moment orau erioed oedd pan oedd y 'Mets' yn chwarae yn erbyn y 'Teigrod' yng Ngerddi Soffia, sef eu cartref nhw. Y diwrnod hwnnw, fe wnes i sgorio *touch down*; ac i rwbio halen ar y briw, enillon ni 41 - 22. Y diwrnod hwnnw, llwyddodd y 'Mets' i dorri crafangau'r 'Teigrod'.

Ro'n i wrth fy modd yn chwarae pêl-droed Americanaidd, oherwydd, i mi, roedd yn gêm o strategaeth; roedd yn rhaid i'r ymosodwyr ddelio 'da'r amddiffynwyr, ac wrth gwrs, roedd 'na elfen o gorfforoldeb hefyd. Nid yn unig hynny, ces i lyfr ble roedd rhaid i mi astudio'r llwybrau penodol i ddal y bêl. Strategaeth yn wir. Gyda llaw, fy hoff dîm pêl-droed Americanaidd yw'r 'Philadelphia Eagles'. Gwnaeth y *quarterback*, Randall Cunningham – sef capten yr ymosodwyr – argraff fawr arna i. Roedd ei sgiliau'n eithriadol; roedd yn gyflym, yn hyblyg, yn ddi-ofn; roedd ganddo weledigaeth a deheurwydd gwych; ac roedd ei bàs yn dra chywir hefyd. Ro'n i eisiau enwi fy mab Connagh, yn Randall, ond wnâi Lynda ddim caniatáu hynny.

Pêl-fasged a Rygbi

Pan o'n i'n un ar bymtheg oed, ro'n i'n chwarae pêl-fasged yn yr ysgol uwchradd. Yna, pan adawais i'r ysgol, fe chwaraeais i i ddau dîm lleol. Unwaith eto, fe fwynheais i'r gêm, gan fod rhaid i mi ddysgu sgiliau newydd; ac roedd yn rhaid i mi fod yn ffit, gweithio mewn tîm, a bod yn ymosodwr ac yn amddiffynnwr hefyd. Buon ni hefyd yn chwarae mewn cynghrair, gan chwarae yn erbyn timau yng Nghymru a Lloegr. Wna i fyth anghofio fy eiliad orau yn chwarae pêl-fasged; dyna'r diwrnod y gwnes i hedfan... wel, dyna sut roedd e'n teimlo i mi. Ro'n i'n chwarae i Aberdâr yn erbyn tîm Americanaidd. Pasiodd un o'r tîm y bêl o ben y cwrt i mi. Mae 'na symudiad mewn pêl-fasged o'r enw 'dunk'. Mae hyn yn golygu neidio'n ddigon uchel fel bod eich llaw neu'ch braich yn codi uwchben y rhwyd/cylch. Mae'r symudiad hwn yn drawiadol – yn enwedig i'r gynulleidfa; fodd bynnag, mae 'na risg fawr. Os ydych chi'n llwyddiannus, rydych chi'n arwr; os digwydd ichi fethu, rydych chi'n glown.

Roedd gen i eiliadau'n unig i wneud penderfyniad tyngedfennol: bod yn arwr ynteu'n glown? Ro'n i'n gallu synhwyro trydan a thensiwn yn yr aer – disgwyliad ac awydd y dorf. Ro'n i eisiau bod yn arwr, felly fe gasglais i'r holl gryfder yn fy nghoesau; cawson nhw eu torchi fel sbring, yna ffrwydrais i'r awyr, gan estyn fy mreichiau i'r entrychion. Yn yr ychydig eiliadau hynny, do'n i erioed wedi teimlo mor bwerus. Arafodd amser, ac ro'n i'n hedfan. Yr eiliad nesaf, daeth y ddwy law i lawr uwchben cylch y rhwyd; fe wnes i hongian yno am eiliadau, i fwynhau'r foment ac i ddangos fy mhŵer i'r dorf. Aeth y dorf yn wyllt. Am brofiad.

Ro'n i'n dal i chwarae pêl-fasged pan oeddwn i'n gweithio yn ASW. Roedd un o fy ffrindiau Lance yn gwybod 'mod i'n chwarae pêl-fasged, felly gofynnodd i mi chwarae yn yr ail reng i dîm rygbi Saint Albans. Fe dderbyniais i'r gwahoddiad, a chwaraeais i iddyn nhw am rai blynyddoedd. Roedd chwarae pêl-fasged yn golygu bod gen i sgiliau trosglwyddadwy a helpodd i addasu'n gyflym i rygbi. Ro'n i wrth fy modd gyda'r cyfeillgarwch, y cymdeithasu, y meddwi (weithiau!) hefyd, ac wrth gwrs, corfforoldeb y gêm. Doedd chwarae rygbi ddim heb ei beryglon. Dw i'n cofio, ar ôl chwarae un gêm, wnes i ddiweddu'n crwydro o gwmpas y maes parcio, ond doedd gen i ddim cof o gerdded yno. Fe ffeindiais i'n ddiweddarach 'mod i wedi cwympo ar fy mhen, pan nad oedd un o'r propiau yn fy amddiffyn, pan oeddwn i yn y *line out*. Chwaraeais i rygbi tan oeddwn i'n 50, i dimau Saint Albans, Llandaf, Gogledd Llandaf, Tredelerch; ac fe orffennais i 'ngyrfa rygbi yn chwarae i Lanrhymni.

Wna i byth anghofio'r diwrnod y rhois i sioc i dîm rygbi Cymraeg ei iaith. Bryd hynny, ro'n i'n chwarae i Lanrhymni. *Line out* oedd hi i'r tîm Cymraeg, ac wrth gwrs, doedd dim clem 'da nhw 'mod i'n medru eu deall nhw. Cyn iddyn nhw daflu'r bêl, fe ddwedais i wrth y bois, yn Saesneg, *"It's going in the middle."* Fe ddylech chi fod wedi gweld y sioc ar eu hwynebau pan sylweddolon nhw fod siaradwr Cymraeg yn chwarae i'r tîm arall; a mwy o sioc fyth o weld bod y Cymro Cymraeg hwnnw'n ddu... Roedd hynny'n rhoi mwy fyth o foddhad i mi. Wyddwn i ddim, yn y dyddiau hynny, fod rhyw elfen o elitiaeth neu hiliaeth yn bodoli yn y gymuned Gymraeg; ac i fod yn onest, felly roedd hi'n teimlo i mi – ar y pryd. Aeth o dan fy nghroen i pan o'n i'n dysgu Cymraeg.

Bydoedd, Darganfyddiadau a Phrofiadau Newydd

Byth ers i mi fod yn bump oed, byddai Mam yn gofyn, "Ble mae Wayne?" Byddai hi bob amser yn dod o hyd i mi yn eistedd mewn rhyw gornel o gwmpas y tŷ yn darllen llyfrau comics. Fy niléit i oedd bod ar fy mhen fy hun ymhlith anhrefn fy mrodyr a'n chwiorydd; cael y cyfle i deithio drwy gyfrwng fy nychymyg i blanedau pell, i fod yn arwr, i ymladd a threchu'r estroniaid. Roedd byd o ryfeddod, dirgelwch a dychymyg yn aros amdana i yn fy nghomics. Wrth i mi dyfu'n hŷn, fe ddechreuais i gasglu comics DC a Marvel. Ro'n i bob amser yn gyffro i gyd ac yn edrych ymlaen at gyfnewid comics; heb sôn am y llawenydd o ddarllen rhai nad o'n i wedi'u darllen o'r blaen. Gyda llaw, dw i'n dal i gasglu comics hyd heddiw. Fy hoff gymeriadau yw *Spiderman*, *The Hulk*, *Wolverine*, *The Black Panther* a *Thor*.

Dros y blynyddoedd, newidiodd fy arferion darllen i, er 'mod i'n dal i ddwlu ar fy nghomics. Dechreuais i ddarllen llyfrau ffuglen wyddonol, fel *Stranger in a Strange Land*, gan Robert A. Heinlein; *I, Robot* gan Isaac Asimov; a *Dune* gan Frank Herbert. Llarpiais i gynnwys y llyfrau hyn, a llawer o rai tebyg, fel anifail newynog. Ro'n i fel *glutton* oedd angen bwyta llyfrau bob dydd.

Yn ogystal â 'niddordeb dwfn mewn llyfrau ffuglen wyddonol, dechreuais i archwilio'r byd cerddorol – gan ddarganfod oes newydd y cyfeirir ati fel cerddoriaeth ofod, sef *space music*. Ro'n i'n hoff iawn o ddefnyddio gwefan o'r enw 'New World Music'. Gyda'r wefan hon, gallwn i ddod o hyd i ystod eang o gerddoriaeth nad o'n i'n gwybod ei bod yn bodoli. Dechreuodd fy meddwl ehangu, roedd fy llygaid yn agored i wybod rhyfeddodau nad oedd fy nghlustiau erioed wedi'u clywed, gan fynd â mi i leoedd nad oeddwn i erioed wedi breuddwydio amdanyn nhw. Cerddoriaeth gan Americanwyr brodorol, miwsig Japaneaidd, Tsieineaidd, Celtaidd ac Aborijinaidd; sŵn y goedwig law, sŵn y môr a sŵn byd natur. Gallwn glywed drymiau Siamanaidd Affricanaidd, a dod i wybod am *Tai Chi*, *Reiki*, crisialau a phethau megis myfyrdod dan arweiniad. Byddwn i'n prynu cryno ddisgiau gyda dyluniadau lliwgar ac enwau fel 'Ynys Hedd', 'Noddfa', 'Llonyddwch Bythol', 'Natur Mewn Cytgord', 'Rhyfeddod Celtaidd', a 'Merch y Ddewines'. Pwy allai wrthsefyll enwau o'r fath a allai ddenu'r gwrandäwr i fyd o dawelwch, hud, rhyfeddod, gofod oesol a diwylliannau gwahanol? Byddwn i'n gwrando ar y gerddoriaeth yma bob nos, ac yn cael fy nghludo i fydoedd cyfriniol heb adael fy nhŷ... bendigedig.

Amleddau *Solfeggio*

Mae cerddoriaeth yn offeryn pwerus iawn; mae ganddi'r gallu i effeithio ar eich holl emosiynau. Gall eich gwneud chi'n hapus, yn drist, yn feddylgar, yn benderfynol. Gall eich ysbrydoli. Gall ganiatáu i chi fyfyrio, a gall eich cymell i wneud pethau newydd. Mae bob darn o gerddoriaeth yn cael ei greu gan sain yn cael ei chwarae ar amleddau gwahanol. Mae'r gerddoriaeth safonol rydyn ni'n gwrando arni heddiw yn cael ei chwarae ar amledd o 440hz.

Cyfres o raddfeydd cerddorol yw Amleddau *Solfeggio* ble caiff sain ei ddefnyddio ar gyfer iachâd corfforol. Roedden nhw'n cael eu defnyddio yn y Canol Oesoedd, ac maen nhw wedi'u holrhain yn bell 'nôl, i wareiddiadau hynafol hyd yn oed. Yn dibynnu ar bwy rydych chi'n gofyn iddo fe neu hi, mae saith prif raddfa neu amledd.

396 Hz: Caiff yr amledd hwn ei ddefnyddio i helpu i oresgyn ofn, i ryddhau'r isymwybod o gredoau a meddyliau negyddol ac i hybu'ch gallu i ddod o hyd i heddwch mewnol.

417 Hz: Yn helpu i wella ar ôl trawma; yn tynnu egni negyddol o'r corff ac yn helpu i hwyluso newid ynoch chi ac yn eraill.

528 Hz: Maen nhw'n dweud bod yr amledd hwn yn cael ei ddefnyddio mewn siantiau Gregoraidd, a chredir bod ganddo rinweddau iachaol arbennig. Gall wella'ch cwsg, lleihau straen a phryder, a hefyd, gwella'ch gallu i ganolbwyntio a'ch ffocws.

639 Hz: Galluogi creu perthnasoedd rhyngbersonol cytûn. Gwella cyfathrebu, dealltwriaeth, goddefgarwch a chariad.

741 Hz: Mae'n gweithredu fel arfwisg amddiffynnol yn erbyn popeth negyddol y tu mewn a'r tu allan i ni.

852 Hz: Helpu i ddychwelyd i drefn ysbrydol; yn deffro greddf; yn deffro cryfder mewnol.

432 Hz: Gall helpu i leihau straen, cynyddu ffocws a hyrwyddo cyflyrau dwfn o ymlacio a gorffwys.

Annwyl ddarllenwyr, cofiwch taw amlinelliad yn unig yw hwn. Dydw i ddim yn arbenigwr. Wrth chwilio am wybodaeth ac offer i'n helpu i i ddelio ag iselder y gwnes i roi cynnig ar y dull hwn, felly alla i ond dweud ei fod wedi fy helpu i'n bersonol yn fawr. Fel arfer, dw i'n dod o hyd i amledd rydw i eisiau ei glywed ar *YouTube*; yna, bydda i'n rhoi fy nghlustffonau ymlaen, yn diffodd y goleuadau, gan ymlacio a gwrando ar y gerddoriaeth. Dw i'n credu ei bod yn rhan o 'mhersonoliaeth i i archwilio, i ymchwilio, i brofi, i ddeall, ac i beidio â chydymffurfio. Dw i'n credu'n ddwfn 'mod i eisiau bod y fersiwn orau ohonof fi fy hun; a bydd y profiadau dw i wedi'u cael hyd yn hyn, a'r profiadau hynny sy eto i ddod, yn fy helpu i i gyflawni hynny. Os gwelwch chi'n dda, ga i ofyn ichi gydgerdded gyda mi wrth i mi rannu gyda chi fyd hardd o sain, dawns a cherddoriaeth?

Ymdrochi Mewn Sain

Mae ymdrochi mewn sain yn brofiad gwrando â'r corff cyfan, gan ddefnyddio sain mewn ffordd therapiwtig ac adferol i helpu i feithrin eich meddwl a'ch corff. Sut mae hyn yn gweithio? Yng nghwmni hwylusydd, rydych chi fel arfer yn gwisgo dillad llac a gallwch fynd â mat i orwedd arno, ynghyd â gobennydd a blanced; bydd y rhain yn eich helpu i deimlo'n gyfforddus. Weithiau, bydd yr hwylusydd yn defnyddio canhwyllau neu arogldarth i greu naws. Byddwch chi wedyn yn gorwedd i lawr, yn cau'ch llygaid ac yn gadael i'r sain olchi drosoch chi. Bydd yr hwylusydd yn defnyddio offerynnau fel bowlenni grisial, Tibetaidd; powlenni sy'n canu; gongiau a chlychau. Mae gan bob un o'r offerynnau hyn ddirgryniad ac amlder gwahanol a fydd yn eich rhoi mewn cyflwr ymlaciedig.

Mae dau beth fel arfer yn digwydd i mi yn y dosbarth hwn. Galla'i syrthio i gysgu neu gallaf ymlacio'n ddwfn a chael llawenydd. Un peth rydw i'n ei wybod yw fy mod i bob amser yn teimlo'n hapus, yn ymlaciedig ac yn teimlo fy mod wedi adfer. Fel arfer mae'r sesiwn yn para 45 munud.

Dawns Drans Shamanaidd

Mae dawns drans Shamanaidd yn brofiad mor bwerus i mi. Pan fydda i'n ymwrthod â fy meddyliau a 'ngweledigaeth allanol; pan fydda i'n cael fy ysgogi gan fy anadl, neu rythm, sain a symudiad, bydda i'n teimlo'n gysylltiedig â'r bydysawd – gyda phopeth. Alla i ddim egluro'n llawn, ond bydda i'n teimlo egni'n curo trwy 'nghorff; yn teimlo 'mod i'n cael fy rhyddhau, 'mod i'n fyw, wedi 'ngrymuso, yn gysylltiedig â ffynhonnell popeth sy. I mi, mae dawns drans Shamanaidd yn mynd y tu hwnt i grefydd fel rydyn ni'n ei hadnabod. Does dim angen i chi ddarllen llyfr, na dilyn set o reolau neu ganllawiau. Mae fy meddwl a 'nghorff cyfan yn teimlo'n llawn egni ac yn un â chreadigaeth a natur a'r Ysbryd Mawr.

Llynedd, es i i Golombia gyda Lynda i ymweld â'n perthnasau. Un noson, aethon ni i ŵyl gerddoriaeth yn y prif *plaza* yn y dre ble roedden ni'n aros. Roedd hi'n noson hyfryd, gydag awel ysgafn yn chwythu, ac roedd goleuadau bach fel pryfed tân yn goleuo'r ardal. Roedd cerddoriaeth werin draddodiadol, Golombiaidd yn cael ei chwarae; roedd pawb yn dawnsio, yn siglo, ac yn gwrando ar y gerddoriaeth – hyd yn oed y plant. Yna, dechreuodd criw o bobl frodorol ganu eu cerddoriaeth. Ddarllenwyr annwyl, fe ddaeth 'na deimlad rhyfedd drosof fi. Ro'n i'n teimlo fel pe bai egni o'r tu allan i 'nghorff i yn cysylltu â fi. Roedd yn rhaid i mi symud, dawnsio, mynegi fy hun, er mwyn rhyddhau yr holl egni – ac fe es i i fyd arall. Doedd neb arall yn bodoli, dim ond fi a'r gerddoriaeth. Ambell waith, byddwn i'n estyn fy mreichiau i fyny tua'r nefoedd er mwyn gadael i'r egni lifo drwof fi. Weithiau, byddwn i'n symud fel neidr, yn llithro ar fy stumog, yn cropian fel anifail, neu'n rholio yn y glaswellt. Byddwn i'n plannu 'nhraed yn y ddaear, yn union fel gwreiddiau coeden yn llenwi 'nghorff gyda'r cyfan oedd gan natur i'w gynnig i mi. Roedd yn brofiad hudolus a phwerus, profiad na allai unrhyw lyfr ar y blaned hon ei roi i mi. Pan ddes i allan o 'nghyflwr trans, dangosodd Lynda fideo i mi yn dangos sut y bues i'n dawnsio. Roedd y plant yno'n dawnsio hefyd; roedden nhw'n ceisio efelychu fy symudiadau i. Roedd hon yn foment bwerus i mi; ro'n i mor ddiolchgar am y ffaith 'mod i wedi ysbrydoli'r plant i ddawnsio.

Y diwrnod canlynol, ro'n i'n meddwl am ba mor rhydd a hapus oedd y plant pan oedden nhw'n dawnsio – yn rhydd i fynegi eu hunain. Beth sy'n digwydd i ni, i ni deimlo mor swil ac ofnus i fynegi ein hunain mewn diniweidrwydd a hapusrwydd – yn union fel y plant hynny; a pham, pan rydyn ni eisiau dawnsio neu fynegi ein hunain, bod angen alcohol i wneud hynny? Beth ydyn ni'n ei ofni? Beth ydyn ni wedi'i golli neu ei anghofio?

Dw i wedi cael rhai eiliadau bythgofiadwy mewn dosbarthiadau dawns Shamanaidd, lle mae'r dosbarth i gyd yn udo fel bleiddiaid neu'n rhuo fel llewod neu deigrod. Mae'n deimlad mor bwerus. Yn yr eiliadau hynny, mae byd dyn gwâr yn cael ei ddatgymalu; rydyn ni'n rhydd, yn rhydd i ddychwelyd i'n cyflwr cyntefig, lle nad oes angen lleferydd dynol i gyfathrebu. Pan nad ydw i mewn dosbarth dawns, dw i'n gwrando ar gerddoriaeth Shamanaidd – yn enwedig os ydw i eisiau egnïo fy hun; drwy sŵn y drymiau, sy'n gysylltiedig â churiad y galon, sŵn y gwynt, y jyngl, y llafarganu. Rhaid i mi symud; rhaid i mi symud, er mwyn ymgolli ym myd natur, y cosmos – rhywbeth sydd y tu hwnt i mi. Bryd hynny, bydda i'n llawn egni diderfyn, ac yn cysylltu â ffynhonnell popeth sy. Oes, mae gan y byd modern ei le, mae'n debyg, ond dydy e ddim yn rhoi'r un teimlad i mi â phan dw i'n dawnsio.

Dawns Bywyd

Tua naw mlynedd yn ôl, dw i'n cofio eistedd o flaen fy nghyfrifiadur, yn teimlo'n rhwystredig; roedd 'na rywbeth ar goll ynof fi. Ro'n i'n teimlo fel caneri yn gaeth mewn cawell, yn methu symud, yn methu hedfan. O edrych yn ôl, teimlad o rwystredigaeth oedd hwn; ymwybyddiaeth o f'anallu i fynegi fy hun.

Felly, dechreuais i chwilio am ddosbarthiadau dawns ar y rhyngrwyd. Des i ar draws rhywbeth o'r enw'r *5Rhythms*. Myfyrdod drwy symudiad yw'r *5Rhythms* a ymarferid gan Gabrielle Roth yn y 70au. Mae'n defnyddio cerddoriaeth o'r byd brodorol, megis Siamaniaeth, cerddoriaeth ecstatig a chyfriniol ynghyd ag athroniaeth ddwyreiniol. Enwau'r 'Pum Rhythm' yw Llifo, Stacato, Anhrefn, Telynegol, a Llonyddwch; ac yn ystod y dosbarth, mae amrywiol gerddoriaeth yn cael ei defnyddio i ysgogi'r rhythmau hyn.

Fe wnes i geisio gwneud y 'Pum Rhythm' am fis, ac fe wnes i'n iawn; o leiaf ro'n i'n symud ac yn mynegi fy hun. Yn y cyfamser, ro'n i'n dal i edrych ar y rhyngrwyd, lle des i ar draws rhywbeth o'r enw *Biodanza*, neu 'Dawns Bywyd'. Yn fy chwilfrydedd, fe ofynnais i i fy athro 'Pum Rhythm' amdano fe. Dywedodd e ei fod yn debyg i'r 'Pum Rhythm', ond ei fod e'n fwy agos atoch. Bron i naw mlynedd yn ddiweddarach, dw i'n dal i'w ymarfer e.

Dyma ichi ddiffiniad bach o *Biodanza*, ond tydy geiriau ddim yn ddigonol i'w ddisgrifio; rhaid i chi ei deimlo fe, rhaid i chi ei brofi. System o hunanddatblygiad yw *Biodanza*, sy'n defnyddio cerddoriaeth, symudiad, a theimladau positif i ddyfnhau hunanymwybyddiaeth. Mae'n ceisio hybu'r gallu i wneud cyswllt cyfannol â chi'ch hun a'ch emosiynau, a'u mynegi. Rolando Toro Araneda oedd creawdwr *Biodanza*. Cafodd ei eni yn Chile yn 1960, a datblygodd i fod yn seicolegydd ac yn anthropolegydd. Erbyn hyn mae *Biodanza* wedi lledaenu i dros chwe deg o wledydd ledled y byd.

Mae'r system hon wedi fy helpu i i fod y fersiwn orau ohonof fi fy hun. Mae wedi rhoi hyder i mi i fynegi fy hun ac i gyflawni fy mhotensial; mae wedi helpu o ran empathi a gosod ffiniau personol; fy helpu i barchu a charu fy nghydddyn, i weld y tu hwnt i'r haen gorfforol. Efallai'ch bod chi'n meddwl, "Iawn, Wayne, rydyn ni'n deall hynny; ond sut wnaethoch chi gyrraedd y pwynt hwnnw, beth oedd y broses?"

Fel y soniais i'n gynharach, system hunanddatblygiad yw *Biodanza*, ac mae'n cymryd amser i ddatblygu'ch hun. I helpu'r broses, mae *Biodanza* yn defnyddio *Vivencias*; gair Sbaeneg yw hwn, sy'n golygu profiadau neu bum swyddogaeth gyffredinol sy'n ein gwneud ni'n ddynol megis:

Bywioldeb: Cynyddu llawenydd byw.

Rhywioldeb: Cynyddu pleser a chysylltiad â hunaniaeth rywiol, a lleihau ataliad rhywiol.

Creadigrwydd: Y gallu i fynegi, arloesi ac adeiladu.

Affeithiolrwydd: Y gallu i greu cysylltiadau â phobl eraill trwy gariad, cyfeillgarwch, anhunanoldeb ac empathi.

Trosgynoldeb: Cysylltiad â natur, ac ymdeimlad o berthyn i'r bydysawd.

Un peth pwysig iawn am y dosbarthiadau *Biodanza* yw bod pob gweithgaredd yn wahoddiad; does dim rheidrwydd arnoch chi i wneud unrhyw beth nad ydych chi am ei wneud. Chi sy'n gwneud y penderfyniad i gymryd rhan ai peidio. Mae wyth mlynedd o gymryd rhan mewn ymarferion *Biodanza* wedi cyfrannu'n fawr at y dyn yr ydw i heddiw. Y cam nesaf ydy mynd â *Biodanza* allan i'r byd. Mae dau beth sy'n bwysig iawn i mi. Y cyntaf yw gwireddu fy mreuddwydion. 'Dych chi'n gweld, ro'n i wedi bod yn astudio Sbaeneg ers naw mlynedd. Fy mreuddwyd oedd aros mewn gwlad Sbaeneg ei hiaith, i wella fy Sbaeneg. Felly, ddwy flynedd yn ôl, es i i aros gyda fy nith Hannah, sy'n briod â dyn o Golombia, sef Oscar. Maen nhw'n byw yn Barichara, lle prydferth. Ro'n i wedi cyflawni un freuddwyd, ac allwn i ddim fod wedi bod yn hapusach.

Un diwrnod, fe benderfynais i fentro allan ar fy mhen fy hun, i ymgolli yn yr iaith ac yn niwylliant Colombia. Roedd yn ddiwrnod heulog braf; yr adar yn canu a'r gwenyn yn suo. Es i am dro hamddenol ar hyd y ffyrdd coblog, serth, cul. Edmygais i'r tai bach, lliwgar a'r planhigion egsotig a oedd yn rhaeadru'n lliwiau llachar dros y waliau. Wrth i mi gerdded heibio i un o'r tai, fe ddaliodd cerdyn post fy sylw i. Gwelais i'r geiriau *Santuario de Abejas*, sy'n golygu 'noddfa gwenyn'. Roedd yn hysbysebu taith dywysedig, pedair awr gan wraig o'r enw Diana Reyes – arbenigwraig ar wenyn. Fel y gwyddoch chi, dw i'n caru byd natur. Y bore wedyn, cwrddais i â Diana y tu allan i hen eglwys. Gofynnodd i mi a o'n i eisiau'r daith yn Sbaeneg neu'n Saesneg, ac wrth gwrs, dewisais i Sbaeneg.

Roedd hi'n daith wych; dangosodd hi'r gwahanol rywogaethau o wenyn i mi, a'u cynefinoedd. Siaradodd hefyd am sut roedd gan rai gwenyn berthynas symbiotig â gwenyn eraill, a'r gwahanol fathau o fêl hefyd. Yn ystod ein taith gerdded, fe ddaethon ni i adnabod ein gilydd. Gofynnodd beth oedd fy niddordebau, felly dywedais wrthi:

dysgu Sbaeneg, cadw'n heini a *Biodanza*. Doedd dim clem 'da hi am *Biodanza*, felly fe wnes i egluro'r cysyniad iddi. Roedd diddordeb mawr 'da hi a gofynnodd i fi a fyddwn i'n fodlon cynnal dosbarth ar gyfer ei ffrindiau. Ar y dechrau ro'n i'n gyndyn i wneud, ond wedyn meddyliais i, "Pam lai?" Dywedais wrthi hi y byddai'r dosbarth yn dechrau am dri o'r gloch y prynhawn drannoeth. Pan es i adre i dŷ fy nith, es i ati i gynllunio'r wers. Roedd gan Oscar, fy mrawd yng nghyfraith, uchelseinydd mawr y gwnes i gysylltu fy iPad ag o, ac yna ro'n i'n barod.

Roedd yn ddiwrnod perffaith; cafodd y dosbarth ei gynnal mewn perllan o flaen tŷ fy nith. Roedd coed leim, mandarin a mango o'n cwmpas ni; y jyngl bach y tu ôl i ni. Esboniais i i fy nghyfeillion Colombiaidd newydd egwyddorion *Biodanza*, ac yna – gyda cherddoriaeth hyfryd yn chwarae – fe wnaethon ni ddal dwylo a dawnsio mewn cylch. Gwnes i lawer o weithgareddau gyda nhw, gan ddefnyddio cerddoriaeth. Gofynnais i iddyn nhw "ddawnsio eu bywydau" mewn parau neu'n unigol. Roedden nhw'n rhedeg o gwmpas y berllan ac yn ailddarganfod eu plentyndod. Roedden nhw'n cofleidio ac yn cyffwrdd â wynebau ei gilydd yn dyner. Roedd y llawenydd ar eu hwynebau'n bictiwr, ac roedd rhai yn crio mewn hapusrwydd hefyd. Pan ddaeth y dosbarth i ben, doedd fy ffrindiau newydd ddim eisiau iddo fe orffen. Diolchodd fy ffrind Diana i mi am ddiwrnod mor hyfryd, ac fe wnaeth ei ffrindiau fy amgylchynu i a 'nghofleidio a diolch i mi. Ro'n i mor hapus. Ro'n i'n gwenu o glust i glust ac roedd dagrau o hapusrwydd yn llifo i lawr fy ngruddiau. Ro'n i wedi llwyddo, ro'n i wedi defnyddio *Biodanza* i ysbrydoli, ac i wneud pobl yn hapus. Diolch Ysbryd Mawr, diolch Fydysawd Mawr am y cyfle a roesoch chi i mi.

Drysau'n Agor

DW I'N COFIO, pan o'n i newydd ddechrau dysgu Cymraeg, fy ffrindiau yn y ffatri ddur yn dweud, "Dysgu Cymraeg, Wayne? Am wastraff amser."

Ond, ar y llaw arall, dw i'n cofio un o fy athrawon yn dweud rhywbeth hollol groes, sef, "Wayne, pan fyddwch chi wedi dysgu Cymraeg, bydd drysau'n agor i chi."

Roedd ei geiriau hi'n debyg i'r hyn ddywedodd y wraig honno a oedd yn cynrychioli Steel Partnership Training, sef, "pan fydd un drws yn cau, bydd un arall yn agor."

Roedd hynny'n golygu, i mi, y byddai cyfleoedd yn codi, ac efallai y dylwn i achub ar y cyfleoedd hynny wrth iddyn nhw gyflwyno'u hunain...

Wel, pan o'n ni'n cael gwersi Cymraeg ym Mhrifysgol Caerdydd, cafodd rhai o'r myfyrwyr eu holi am eu profiad o ddysgu Cymraeg ar gyfer sioe ar Radio Cymru. "Pam lai?" meddyliais i, cyn gwirfoddoli i siarad. Roedd y profiad yn un da, ond a bod yn onest, wnes i ddim meddwl mwy am y peth. Yna, ar yr 22ain o Ebrill 1993, cafodd Stephen Lawrence – llanc du, deunaw oed o Plumstead, De-Ddwyrain Llundain – ei lofruddio mewn ymosodiad hiliol, wrth sefyll ger safle bws ar Well Hall Road, Eltham.

Dyma oedd gan Fiona Brookman, Athro mewn

Criminoleg ym Mhrifysgol De Cymru i'w ddweud yn *The Conversation*:

'Cafodd Stephen Lawrence ei lofruddio ar 22 Ebrill 1993 mewn ymosodiad hiliol direswm gyda chyllell yn Ne Llundain. Dim ond deunaw oed oedd Stephen. Roedd wedi bod yn disgwyl am fws gyda'i ffrind, Duwayne Brooks. Cafodd ei amgylchynu gan grŵp o bump neu chwe pherson ifanc gwyn, a gwnaeth o leiaf un ohonyn nhw ei drywanu i farwolaeth. Bron i 20 mlynedd yn ddiweddarach yn 2012, cafwyd dau ddyn yn euog o lofruddiaeth Stephen.

Ysgogodd y llofruddiaeth a'i ganlyniadau gyfres o newidiadau i ymchwiliadau'r heddlu, yn fwyaf arbennig o ran cyswllt â theuluoedd. Daeth yr ymchwiliad cyhoeddus a ddilynodd i benllanw gydag adroddiad Macpherson yn 1999. Datgelodd hyn fethiannau mawr yn ymchwiliad yr heddlu a'r ffordd y cafodd teulu Stephen a'i ffrind eu trin.

Roedd hiliaeth ac ymateb yr heddlu i droseddau wedi eu hysgogi gan hiliaeth yn rhan fawr o ymchwiliad Stephen Lawrence. Roedd ynddo hefyd argymhellion newydd ynghylch y ffordd mae'r heddlu'n delio â theuluoedd pobl sydd wedi cael eu llofruddio.

Defnyddiwyd y geiriau 'cyswllt â theuluoedd' 136 o weithiau yn Adroddiad Macpherson. A disgrifiwyd methiannau o ran cyswllt â'r teulu fel 'un o elfennau mwyaf trist a gresynus yr achos'. Cafodd rhieni Stephen, Doreen a Neville, eu trin yn nawddoglyd ac yn ansensitif a chafodd gwybodaeth am yr ymchwiliad, yr oedd ganddyn nhw hawl iddi, mo'i rhoi iddyn nhw.

Yn naturiol, felly, gwnaeth yr ymchwiliad lawer o argymhellion ynglŷn â chyswllt â theuluoedd. Roedd y rhain yn cynnwys sicrhau bod swyddogion cyswllt teuluoedd (SCT) ar gael ar lefel leol, i weithio ar achosion penodol, heb gael eu defnyddio ar gyfer gwasanaethau eraill ar yr un pryd. Argymhellodd hefyd fod hyfforddiant SCT yn cynnwys ymwybyddiaeth o hiliaeth ac amrywiaeth.

Dywedodd argymhelliad arall ei bod yn 'ddyletswydd

gadarn' ar yr heddlu i roi 'pob gwybodaeth bosib i deuluoedd am y drosedd dan sylw a'r ymchwiliad iddi'. Yng nghyddestun yr oes oedd ohoni, roedd hyn yn newid enfawr yn niwylliant ymchwilio'r heddlu. Roedd ditectifs wedi arfer penderfynu ar yr hyn roedd angen i deuluoedd ei wybod. Nawr roedd yn rhaid iddynt feddwl am anghenion a dewisiadau'r teulu.

Roedd yr argymhellion SCT i'w gweithredu'n syth, a symudodd yr Heddlu Metropolitan bron ar unwaith i gyfnod lle roedd cyrsiau hyfforddi'n cael eu cynnal bob wythnos yng Ngholeg Heddlu Hendon.'

Roedd y Deyrnas Unedig gyfan mewn sioc, yn enwedig gan ei fod yn ymosodiad hiliol cwbl ddiachos; roedd y tensiwn yn uchel iawn, ac roedd 'na gwestiynau oedd angen eu hateb. Dw i ddim yn siŵr sut y digwyddodd, ond dw i'n meddwl bod y cyfryngau Cymraeg wedi cael gafael ar fy manylion cyswllt. Wrth gwrs, roedd bod yn ddu, ac yn gallu siarad Cymraeg, yn cael effaith fawr ar y gymuned Gymraeg – yn enwedig am fod pobl yn dra ymwybodol o hiliaeth yn y Deyrnas Unedig bryd hynny. Ychydig ddyddiau'n ddiweddarach ar ôl yr ymosodiad erchyll hwn, fe dderbyniais i alwad ffôn – dw i ddim yn cofio gan ba cwmni teledu Cymraeg; y newyddion mae'n debyg – yn gofyn a fyddwn i'n fodlon siarad am yr ymosodiad gyda phanel o siaradwyr eraill. Dwedais wrthyn nhw y byddwn i'n meddwl am y peth ac y byddwn i'n rhoi gwybod iddyn nhw cyn gynted â phosibl. Pan rois i'r ffôn i lawr, roedd fy llaw i'n crynu ac roedd fy nghalon i'n curo yn fy mrest fel drwm rhyfel. Ro'n i wedi dychryn.

Gofynnodd Lynda imi beth oedd yn bod. Felly dywedais wrthi.

"Pam lai? Mi fedri di," meddai hi.

"Beth?!" meddwn i, "wyt ti'n tynnu arna i? Dw i i fod

i siarad am bwnc mor ddadleuol a sensitif o flaen panel o siaradwyr, a hynny yn Gymraeg? Rhaid dy fod di'n wallgof."

Dywedodd wrtha i am eistedd i lawr, ac ar ôl ychydig, dechreuais i setlo.

"Gwranda Wayne," meddai hi, "os alli di wneud hyn, mi alli di wneud unrhyw beth."

Roedd hi'n gywir, wrth gwrs, ond doedd hynny ddim yn golygu nad o'n i'n dal wedi dychryn.

Ffoniais i'r cwmni newyddion y diwrnod wedyn a chytuno i'r cyfweliad... Aeth Lynda gyda fi, yn dal fy llaw wrth i ni fynd i mewn i'r stiwdio. Roedd ceblau ar hyd y llawr ym mhobman, ac yn fy ofn, fe wnes i faglu dros un ohonyn nhw. Roedd hi mor boeth, a doedd y goleuadau llachar a'r camera ddim yn helpu chwaith. Dechreuais i chwysu, ac es i'n benysgafn; do'n i ddim yn gallu anadlu; ro'n i'n teimlo fel pysgodyn yn sownd ar draeth – ro'n i mewn panig llwyr.

Fe droais i at Lynda, gan ddweud, "Alla i ddim gwneud hyn; alla i ddim gwneud hyn."

Dywedodd hi wrtha i am anadlu'n ddwfn a chanolbwyntio ar fy anadlu yn unig; ac ar ôl ychydig, fe wnes i dawelu a cherdded i mewn i'r stiwdio.

Dw i'n cofio eistedd o flaen y panel, a hwythau'n gofyn fy marn i am y drasiedi hon. Dw i'n meddwl 'mod i wedi ateb mor onest â phosibl. Hedfanodd yr amser, gan fod y pwnc mor ddadleuol, ac roedd fy holl egni yn mynd ar ganolbwyntio ac ateb eu cwestiynau. Diolch byth, llwyddais i orffen y cyfweliad; roedd yn rhyddhad mawr, a chi'n gwybod beth? Ro'n i'n teimlo'n hapus ac yn falch iawn. Gyda chymorth Lynda, ro'n i wedi wynebu a goresgyn fy ofn. Chi'n gwybod beth maen nhw'n ei ddweud, ddarllenwyr annwyl: y tu ôl i bob dyn da, mae yna fenyw dda.

Wedi'r ymchwiliad gwreiddiol, cafodd pum person ei arestio – ond heb eu cael yn euog. Credir fod llofruddiaeth Lawrence yn drosedd gasineb ag elfen hiliol iddi. Yn ôl ymchwiliad gan Syr William Macpherson ym 1999, roedd Heddlu Llundain yn 'gyfundrefnol hiliol', a dylanwadodd hyn ar yr achos.

Cychwynnodd achos llys newydd yn 2011, gan gyhuddo dau o'r dynion a amheuwyd yn yr ymchwiliad gwreiddiol o lofruddio Lawrence; a chanolbwyntiodd yr erlyniad ar dystiolaeth fforensig.

Dyma sut wnaeth *Golwg 360* ddisgrifio cychwyn yr achos newydd:

> 'Mae achos yr erlyniad yn erbyn dau ddyn sydd wedi eu cyhuddo o lofruddio'r myfyriwr croenddu Stephen Lawrence wedi dechrau yn yr Old Bailey heddiw. Cafodd Stephen Lawrence ei drywanu i farwolaeth wrth ymyl arhosfan bysys yn Eltham, De-Ddwyrain Llundain ym mis Ebrill 1993.
>
> Mae Gary Dobson, 36, a David Norris, 35, y ddau o dde Llundain, yn gwadu ei lofruddio.
>
> Roedd rhieni Stephen Lawrence, Doreen a Neville, yn y llys wrth i'r rheithgor dyngu llw. Dim ond un o'r rheithwyr sy'n groenddu.
>
> Wrth i'r achos ddechrau, fe benderfynodd Neville Lawrence adael y llys. Clywodd y llys heddiw bod Stephen Lawrence wedi ei drywanu i farwolaeth ar ôl i griw o lanciau croenwyn ymosod arno. Roedd wedi gwaedu i farwolaeth ar ôl cael ei drywanu ddwywaith.
>
> Roedd Stephen Lawrence wedi cael ei erlid gan y criw oedd wedi ei amgylchynu ger yr arhosfan bws.
>
> Dywedodd Mark Ellison QC ar ran yr erlyniad bod un o'r grŵp wedi cael ei glywed yn dweud: "What, what n*****?"
>
> Fe lwyddodd ffrind Stephen Lawrence, Duwayne Brooks i redeg i ffwrdd gan apelio ar Stephen i wneud yr un peth.

Ond ni lwyddodd Stephen i ddianc a chafodd ei amgylchynu gan y criw.

Ar ôl cael ei drywanu fe lwyddodd Stephen Lawrence i redeg rhyw 220 llath at ei ffrind Duwayne Brooks, cyn syrthio ar y pafin.

Roedd Duwayne Brooks wedi ffonio 999 o flwch ffôn cyn ceisio cael help gan bobol yn cerdded heibio. Cafodd Stephen Lawrence ei gludo i'r ysbyty ond bu farw'n ddiweddarach.

Dywedodd Mark Ellison QC nad oedd yr un o'r llygad-dyston y noson honno wedi llwyddo i adnabod yr ymosodwyr. Dywedodd bod achos yr erlyniad yn dibynnu ar dystiolaeth wyddonol newydd oedd wedi dod i law ar ôl adolygiad o'r achos yn 2007. Roedd gwaed, ffibrau a gwallt wedi ei ddarganfod ar ddillad y diffynyddion fel rhan o'r ymchwiliad gwreiddiol yn 1993, meddai.

Fe fydd yr erlyniad yn dadlau bod y dystiolaeth wyddonol yn awgrymu bod y diffynyddion yn rhan o'r grŵp a ymosododd ar Stephen Lawrence.

Dywedodd Mark Ellison QC mai yr unig reswm posib am yr ymosodiad oedd "lliw ei groen".'

Ar 3 Ionawr 2012, cafwyd Gary Dobson a David Norris yn euog o lofruddio Stephen Lawrence. Drennydd, dedfrydwyd y ddau i'w cadw hyd y mynno Ei Mawrhydi, sef o leiaf pymtheng mlynedd a dau fis i Dobson ac o leiaf pedair blynedd ar ddeg a thri mis i Norris. Roedd wedi cymryd yn agos at ugain mlynedd i arestio y ddau ddyn yma.

Hyd yn oed nawr, dw i'n credu'n gryf na ddylai fod unrhyw anoddefiad hiliol. Dw i bellach yn saith deg, a hoffwn i feddwl 'mod i'n llawer doethach na phan ddigwyddodd y drasiedi. Wna i fyth anghofio beth ddigwyddodd, a gwn ei fod yn ystrydeb, ond rydw i eisiau byw mewn byd lle gallwn ni i gyd fyw yn gytûn.

Fe ddigwyddodd peth rhyfeddol ar ôl hynny; wedi i'r
drysau ddechrau agor yn araf, daeth mwy a mwy o gyfleodd.
Dw i ddim yn cofio'r dyddiadau, ond ces i wahoddiad i
ymddangos ar *Heno*, gyda Connagh, Elinor a Lynda. Pump
oed oedd Connagh – ar y pryd – ac Elinor yn dair, dw i'n
meddwl. Ces i gyfweliad gyda Roy Noble hefyd. Wedyn,
wnes i hysbyseb yn Gymraeg ac yn Saesneg yn hybu
manteision dysgu-fel-oedolion; dw i'n gallu cofio dweud,
"Os galla i wneud e, gallwch chi neud e hefyd."

Rai blynyddoedd yn ddiweddarach, bues i'n ymwneud
â dwy raglen ddogfen gyda Ifor ap Glyn. Enw'r un gyntaf
oedd *O Flaen Dy Lygaid*, a oedd yn amlygu'r trawstoriad
amrywiol o bobl oedd yn dysgu Cymraeg bryd hynny. Dw
i'n cofio golygfa lle ro'n i'n helpu Elinor i frwsio ei dannedd,
a golygfa arall lle ro'n i'n rhoi Connagh yn ei wely – yn rhoi
cusan ar ei dalcen ac yn dweud nos da wrtho fe.

Roedd yr ail raglen ddogfen i ddathlu'r flwyddyn 2000.
Mae'n ddrwg 'da fi, dydw i ddim yn cofio beth wnes i ar
gyfer y sioe honno, ond erbyn hyn, dw i'n meddwl eich bod
chi'n sylweddoli bod y drysau'n llydan-agored o ran cyfleon.
Daeth mwy a mwy o wahoddiadau i wneud cyfweliadau ar
Heno, rhai ohonyn nhw gyda Connagh, ac ar Radio Cymru
hefyd. Dw hyd yn oed wedi gwneud rhai cyfweliadau yn fy
nghartref yn ymwneud a materion cyfoes, ynglŷn ag ASW a
phethau gwahanol; roedd y profiadau i gyd yn anhygoel.

Tydw i ddim yn ystyried fy hun yn berson crefyddol,
ond rai blynyddoedd yn ôl, ces i wahoddiad i ymddangos
ar sioe *Dechrau Canu Dechrau Canmol* – i siarad am fy
mhlentyndod a thyfu lan yn y Bae, a hefyd am fy nghredo
crefyddol. Dywedais i wrth fy nghyfwelydd nad oeddwn i wir
yn credu yn y Beibl, ond 'mod i'n parchu Cristnogaeth fel bob
crefydd arall. Dywedais i wrthyn nhw 'mod i'n credu mewn
deallusrwydd dwyfol. Esboniais i iddyn nhw beth oedd yn

f'ysbrydoli i a beth oedd yn fy nghadw'n bositif ac yn ddynol, yn gariadus ac yn dosturiol. Adroddais fy nghadarnhad boreol iddyn nhw, ac ar ôl imi orffen, dywedon nhw wrtha i eu bod yn gwerthfawrogi fy angerdd i.

Yn 2021, ces wahoddiad i fod ar *Pawb a'i Farn*. Bryd hynny, roedd cerfluniau o gyn-berchnogion caethweision yn cael eu tynnu i lawr – yn enwedig ym Mryste – a rhai hyd yn oed yn cael eu tynnu o amgueddfeydd hefyd. Roedd hon yn sefyllfa wirioneddol ffrwydrol a chymhleth. Ces gyfle i drafod hyn oll gyda Chymry Cymraeg du ifanc eraill, ac roedd yn wych clywed eu hymatebion a'u syniadau nhw. Nid yn unig hynny, teimlais i'n falch iawn o fod yn rhan o grŵp talentog a bywiog hefyd.

Wedyn, gwnes i raglen ddogfen o'r enw *Camu Ymlaen*, gyda Nia Dryhurst, am iselder. Ar y pryd, ro'n i mewn cyflwr bregus, ond fe wnes i'r rhaglen oherwydd ro'n i eisiau cael gwared ar y stigma oedd yn gysylltiedig â iechyd meddwl yng Nghymru.

Dechrau Rhai o Brofiadau Gorau fy Mywyd

Yn 2020, ges i a Connagh wahoddiad i gymryd rhan mewn dwy sioe ar gyfer rhaglen *Hansh*. Yr un gyntaf oedd *Wyt Ti Erioed?* a'r ail oedd *Beth Sydd yn y Bocs?*. Cawson ni'n dau lawer o hwyl, ac fe ddaethon ni 'mlaen yn dda iawn – fel y dylai tad a mab, yn fy marn i. Yna, tua pythefnos ar ôl y sioe ddiwethaf, ces i alwad ffôn gan Connagh. Dywedodd, "Dad, 'dych chi ddim yn mynd i gredu hyn, ond ces i alwad ffôn gan gynhyrchydd o'r enw Dylan Roberts – sy'n byw yng Nghaernarfon. Roedd e'n hoff iawn o'r cemeg rhyngom ni, ac mae ganddo fe syniad."

Er i Connagh a finnau gael ein geni yng Nghymru, doedden ni erioed wedi mentro y tu hwnt i Gaerdydd; fe allech chi ddweud bod ein gwlad yn ddiarth i ni. Felly, dyna sut y daeth y gyfres *Cymru, Dad a Fi* i fod. Rhaglen oedd hi lle roedd tad a mab (fi a Connagh) yn ymweld â llawer o lefydd hardd a diddorol o amgylch Cymru. Cwrddon ni â phobl ddiddorol a charedig iawn; ac oherwydd bod Connagh wedi bod ar y rhaglen *Love Island*, cafodd sawl cyfle i gwrdd â nifer o ddilynwyr a ffans hefyd. *Cymru, Dad a Fi* oedd y gyfres gyntaf i Connagh a finnau ei gwneud gyda'n gilydd.

Yn y bennod gyntaf, fe ymwelon ni ag Ynys Halen, Ynys Môn; ac fe gawson ni weld y lle o'r awyr mewn hofrennydd – gweld Caergybi ac Ynys Badrig. Fe wnaethon ni gyflawni ein her gyntaf, gan neidio oddi ar y creigiau ac i mewn i'r môr; wedyn, mynd i ogof danddwr. Cyfarfyddon ni â derwydd paganaidd ar Ynys Llanddwyn, lle bu'n sôn am rai o chwedlau lleol yr ynys.

Yn yr ail bennod, aethon ni am dro i Gaernarfon ac fe welon ni'r Castell yno. Buon ni'n siarad gyda phobl leol ar bwys Pont Menai, yna ymwelon ni ag Ynys y Bîg ac Ynys Cribinau – lle gofynnwyd i Connagh a oedd e am ddod yn Gristion. Wedi hynny, fe wnaethon ni ychydig o gaiacio yn yr ardal. Nes ymlaen, fe deithion ni i Ynys Seiriol lle cawson ni ddysgu am y palod, gweld y morloi, ac wrth gwrs, dawnsio ar y traeth.

Yn y drydedd bennod, ymwelon ni â Sir Benfro, gan ymarfer yoga ar Ynys Ddrain; rhoi cynnig ar hwylio ar gwch hwylio bach – profiad gwych gyda llaw; yna aethon ni i Ynys Gwales i weld y mulfrain gwynion (huganod).

Yn y bedwaredd bennod, buon ni'n dal cimychiaid a chrancod ger Ynys Tudwal ym Mhen Llŷn; wedyn, rhwyfo ar Lyn y Dywarchen – ac roedd 'na lawer iawn o hwyl i'w gael rhwng tad a mab. Wedyn, mi wnes i drio ychydig o gwrw Cymreig traddodiadol ym mragdy Cwrw Llŷn; ro'n i yn fy elfen. Wedi hynny, ymwelon ni ag ynys hudolus Enlli, lle ro'n i'n gallu teimlo swyngyfaredd yr ynys; roedd rhaid i mi ddawnsio a symud – roedd y lle yn galw arna i. Nofiodd Connagh gyda'r morloi ac archwiliais i'r byd rhyfedd ond hardd o dan y tonnau.

Ym mhennod pump, ymwelon ni ag Ynys Gifftan ger Portmeirion – a chael llawer o hwyl yn ceisio padlfyrddio. Fe gawson ni amser gwych a hynod ddiddorol ar Cei Balast, ger Porthmadog, lle y neidiais i o garreg i garreg a oedd wedi ffurfio'r ynys wrth i longau waredu eu balast yno dros y blynyddoedd. Dysgon ni wedyn am y person du cyntaf i fyw yng Ngogledd Cymru, sef John Ystumllyn neu "Jac Ddu", yn Ynyscynhaearn. Ac i orffen, buon ni'n ymweld ag Ynys Mochras lle mae maes gwersylla enfawr; buon ni'n aros mewn pebyll dros nos ar yr ynys hefyd.

Yn y bennod olaf, aethon ni i ymweld ag Ynys Bŷr a dysgu am y mynachod oedd byw ar yr ynys; pysgota am fecryll; a mynd i chwilio am ysbrydion ar Fachynys.

I orffen ein taith fach gyda'n gilydd, dychwelon ni i Gaerdydd, i Stryd Herbert – y stryd ble ces i 'ngeni. Aethon ni am dro heibio'r tai, a gwylio hen ffilmiau yn dangos Mam yn cario fy chwaer newydd-anedig Linda yn ei breichiau, a finnau'n bedair oed yn edrych ar Mam a fy chwaer fach newydd. Ro'n i'n emosiynol iawn yn gweld Mam eto; roedd y dagrau'n llifo unwaith yn rhagor.

Roedd y gyfres yn gyfle gwych i dad a mab ddod i adnabod ei gilydd yn well ac i ddod i wybod llawer mwy am y wlad y cawson nhw eu geni ynddi. Fe gwrddon ni â phobl hyfryd ar ein taith o gwmpas Cymru; ac ro'n i'n teimlo'n falch iawn ac yn emosiynol 'mod i'n gallu siarad Cymraeg – ar ôl cymaint o flynyddoedd caled o astudio. Diolch o galon am y profiad.

Fe wnaethon ni fwynhau herio'n gilydd gyda gweithgareddau fel padlfyrddio, caiacio, neidio o glogwyni i'r môr neu fynd i mewn i ogofâu tanddwr. Roedd yn wych gweld y cystadlu iach rhyngom ni. Erbyn diwedd y gyfres, roedd y tad a'r mab wedi dod yn llawer agosach a hapusach. Parhaodd y daith hudol, oherwydd, yn dilyn llwyddiant y gyfres gyntaf – rhywbryd ym mis Ebrill, y flwyddyn ganlynol – gwahoddwyd Connagh a finnau i'r Ŵyl Cyfryngau Celtaidd yn Quimper, Llydaw. Dangoswyd ein cyfres gyntaf i fyd y cyfryngau Celtaidd; yna gwahoddwyd Connagh a fi i siarad am ein profiad gyda gwesteion eraill ar y llwyfan, o flaen cynulleidfa. Ro'n i'n teimlo mor falch o'r hyn roedd tad a mab wedi'i gyflawni, ac enwedig yn yr iaith Gymraeg.

Ond doedd y llwyddiant ddim yn dod i ben yma. Yn ddiweddarach, dywedwyd wrtha i bod *Pawb a'i Farn*, (y bennod oedd yn sôn am hiliaeth a cherfluniau cynberchnogion caethweision yn cael eu tynnu i lawr), wedi ennill BAFTA yng nghategori materion cyfoes. Wrth gwrs, ro'n i wrth fy modd pan glywais i hyn. I ddweud y gwir, allwn i ddim fod wedi bod yn hapusach.

Y Cwlwm a'r Cariad yn Cryfhau

Ro'n i a Connagh mor hapus pan glywson ni fod ail gyfres i'w ffilmio yn dilyn llwyddiant y gyfres *Cymru, Dad a Fi*. Galwyd y gyfres newydd hon yn *Teulu, Dad a Fi*. Roedd yr ail gyfres hon yn olrhain profiad Dad pan ddaeth i'r Deyrnas Unedig am y tro cyntaf, yn bedair ar bymtheg oed, gan amlinellu'r hiliaeth a'r rhagfarn roedd yn rhaid iddo eu hwynebu. Ces innau brofiadau tebyg i'w rai e; ac ai'r rhain oedd wedi gwneud i mi fod yn rhywun oedd yn fyr ei dymer? Yn f'arddegau, ro'n i'n ddyn blin, chwerw a rhwystredig hefyd, oherwydd y profiadau hiliol. Fel y dywedais i, yn yr ysgol gynradd, ro'n i'n chwarae yn yr iard pan ddaeth bachgen lan ata i a gweiddi, "Blackie!", gan wneud i mi grio; a'r athrawes yn rhedeg ata i i 'nghofleidio a dweud, "Cofia, Wayne, roedd Iesu yn ddu." Yn hwyrach ymlaen yn fy mywyd, ar y ffordd i'r ysgol uwchradd, byddai plant eraill yn poeri ar fy nghefn a dweud, *"Get back to your own country."* Dro arall, fel y soniais i, pan o'n i'n gweithio mewn ffatri tyfu tomatos, ro'n i yn y stafell folchi a dyma un o'r rheolwyr yn dod i mewn a gofyn, *"Wayne, how do you know when your hands are clean?"* Ro'n i eisiau 'i ladd e – o'n i'n grac ofnadwy – ond ddwedais i ddim byd. Diolch byth bod neb yn medru darllen fy meddyliau i. I ryw raddau, ro'n i fel Dad, gyda llawer o ddicter y tu fewn imi, ac yn grac iawn. Dw i wedi dod drosto fe nawr. Aeth Dad a finnau drwy'r un profiad. 'Wedodd e un dydd, "Wayne, ar ddiwedd y dydd, dw i'n gallu ei anwybyddu fe nawr – dw i wedi dod drosto fe." Bellach, dw innau yn yr un sefyllfa.

Dywedais i wrth Connagh am yr anawsterau yr oedd yn rhaid i'w dad-cu eu hwynebu; roedd yn boenus ac yn emosiynol iawn i mi wneud hynny, ond roedd yn boen angenrheidiol rhywsut. Pan oedd Connagh yn tyfu lan, byddai'n clywed straeon am Jamaica o hyd, ond doedd e 'rioed wedi clywed llawer am ei achau Gwyddelig. Diolch i'r hanesydd Elin Tomos, a fuodd yn llywio'r gyfres deledu, fe lwyddwyd i olrhain hynafiaid Connagh yng Ngorllewin Corc. Felly, cafodd ddilyn trywydd ei deulu ar ochr ei fam hefyd.

Dyma sut roedd S4C yn disgrifio'r gyfres...

Wayne a Connagh Howard yn hel achau o Jamaica i Cork
Yn 2021 bu Wayne a Connagh Howard o Gaerdydd ar daith ar hyd ynysoedd Cymru ar gyfer y rhaglen *Cymru, Dad a Fi*.
    Daeth hyn ar ôl i Connagh serennu yn y gyfres ITV, *Love Island*. Roedd yn gyfle i'r tad a'r mab grwydro ynysoedd, cilfachau a chreigiau arfordir Cymru, dod i adnabod eu

gwlad yn well ac iddyn nhw edrych ar eu hunaniaeth. Roedd hefyd yn gyfle i'r gwylwyr ddysgu am gysylltiadau teuluol Connagh a Wayne gyda Chymru, Jamaica ac Iwerddon.

Yn *Teulu, Dad a Fi*, cyfres newydd fydd yn dechrau ar S4C ar 7 Mawrth, bydd cyfle i dyrchu yn ddyfnach i wreiddiau ac etifeddiaeth y teulu. Bydd Connagh a Wayne yn edrych mewn i hanes cyndeidiau Connagh ar y ddwy ochr, sef teulu'r Howards o Jamaica a'r McCarthys o Swydd Cork, sef teulu Mam Connagh, Lynda. Roedd y ddau deulu yn unedig yn eu gobaith o symud i Gymru i chwilio am fywyd gwell – o'r Caribî i'r Famwlad ac o Iwerddon i Gymru.

Bydd yr hanes yn arwain Wayne a Connagh o Gaerdydd i Southampton, Skibbereen, gydag ymweliad ar draws Môr y Caribî i Jamaica.

Yn y bennod gyntaf, bydd Wayne a Connagh yn olrhain achau'r teulu gyda'r hanesydd Elin Tomos. Bu farw tad Wayne a thad-cu Connagh, Neville Howard, yn 2022 ac er ei fod wedi adrodd sawl edefyn o'i hanes ar hyd y blynyddoedd, mae dal nifer o fylchau.

Meddai Wayne: "Mae'r fflam wedi'i throsglwyddo i'r genhedlaeth nesaf fel petai, felly rydw i a Connagh wedi dod i benderfyniad. Pa ffordd well i gofio am Dad nag i fynd ar daith i geisio llenwi rhai o'r bylchau 'na?".

"Dw i'n credu fod Dad wedi cael bywyd anodd, roedd o'n chwerw ers blynyddoedd. Does dim rhyfedd oes 'na? Dychmygwch; gadael Jamaica, dod yma, cael problemau gyda hiliaeth, gwneud swyddi ofnadwy, does dim rhyfedd oedd o'n chwerw.

"Penderfynais fynd ar y siwrne hon oherwydd o'n i'n meddwl am brofiadau fy nhad, y pethau mae e wedi mynd trwyddyn nhw, a dw i moyn darganfod sut maen nhw wedi'n siapio i yn bersonol."

"Hefyd, dw i'n gobeithio bydd y bererindod yn tynnu Connagh yn fwy agos at fy nhad."

Meddai Connagh: "Dw i'n edrych 'mlaen i weld sut beth

oedd taith fy nhad-cu, i drio rhoi fy hunan yn ei sgidie fe a gweld sut oedd ei brofiad e."

Yn un o'r genhedlaeth Windrush, roedd Neville yn lygad-dyst i brofiadau amrywiol pobl ddu ym Mhrydain ar ddechrau'r 1950au. Wrth glywed am yr amodau llwm y byddai Neville wedi'u profi ar ei daith o Kingston, Jamaica, i Southampton ar long yr SS *Almanzora* mae Connagh yn adlewyrchu a chymharu ei fywyd yntau ac un ei Dad-cu.

"Roedd Tad-cu yn dod yma gyda dim byd heblaw ei *determination* i wneud bywyd i'w hunan, chwarae teg," meddai Connagh. "Gella i 'mond dychmygu sut beth oedd ei daith e, yn gorfod edrych dros ei ysgwydd e. Ar ôl clywed am gamau cyntaf ei daith e ym Mhrydain, dw i'n teimlo fel 'mod i'n deall o fwy fel person."

Mae'n debyg fod gan bob teulu eu cyfrinachau a'u chwedlau – ac mae ambell beth sy'n cael ei ganfod yn syndod i'r Howards. Mae'n daith ddirdynnol, llawn emosiwn sy'n adrodd straeon o obaith, gwydnwch, cariad, casineb a hiliaeth. Wrth i'r teulu ddysgu mwy am eu gwreiddiau, mae'n gyfle i'r gwylwyr ddarganfod mwy am hanes y gwahanol ddiwylliannau sydd wedi dod ynghyd i greu Cymru amrywiol a balch.

Bydd Wayne a Connagh yn archwilio hanes ochr Wyddelig y teulu ac yn teithio o amgylch Swydd Cork. Yna, yn y bennod olaf caiff y ddau gyfle i droi eu golygon tua cham olaf y daith, Jamaica.

Dw i'n caru fy mab yn fawr iawn, a dydw i ddim yn ddyn sy'n ofni dangos ei emosiynau. Wrth ffilmio, dangoswyd bedd un o'i hynafiaid i Connagh, un oedd heb ei farcio; ac fe aeth e'n emosiynol iawn, a dechreuodd grio. Yn y foment honno, ro'n i'n teimlo mor falch dros fy mab – y medrai fynegi ei emosiynau fel 'na; ac ro'n i, fel ei dad, yno i ddangos cariad tuag ato fe, a chefnogaeth. Roedd ein cwlwm yn dod yn gryfach ac yn gryfach.

Yn y drydedd bennod, cerddodd Connagh a finnau yn

ôl troed Dad pan ymwelon ni â Jamaica. Roedd hi'n daith emosiynol iawn i'r ddau ohonom ni, dw i'n meddwl, yn enwedig wrth weld y tlodi a'r trais ble magwyd Dad. Pan ddarllenais i adroddiad papur newydd am y Jamaicaid oedd yn newynu, es i'n ofidus iawn; a'r tro hwn, tro Connagh oedd e i 'nghysuro i. Yn Jamaica, bu'n rhaid i Connagh a finnau wynebu ac ymdrin â rhai ffeithiau ffiaidd iawn. Er gwaethaf hyn, daeth y wybodaeth am fywyd Dad â ni hyd yn oed yn agosach at ein gilydd. Erbyn y diwedd, roedd Connagh yn deall y bywyd a ddioddefodd ei dad-cu, a'r rhwystrau a orchfygodd.

Oedd, roedd ein profiad yn Jamaica yn daith o ddarganfod, ond aeth yn llawer dyfnach ac ymhellach na hynny. Roedd yn foment werthfawr a dwys iawn rhwng tad a mab ac wyres. Hoffwn i feddwl bod Dad wedi cydgerdded gyda ni ar ei annwyl ynys, gan ddweud wrthyn ni, "Dyma fan fy ngeni." Yno, yn ei annwyl Jamaica. Fel 'tase fe'n dweud, "O'r fan hon y gadawais i 'nghartref, yn ddyn ifanc, i chwilio am fywyd gwell. Fe wnes i 'ngorau dros fy nheulu, ac ro'n i'n caru bob un ohonoch chi. Gobeithio 'mod i wedi bod yn dad da i ti, fy mab."

O'r diwedd, roedd y dair genhedlaeth wedi dod at ei gilydd, mewn cariad a dealltwriaeth. Mae'n foment na fydda i fyth yn ei hanghofio; cael trosglwyddo geiriau Dad i'm mab annwyl Connagh: "Fy mab, dw i'n dy garu di'n fawr iawn. Dw i wedi trio 'ngorau glas drosot ti; gobeithio 'mod i wedi bod yn dad da i ti."

Daeth rhagor o newyddion da i'n rhan ni'n ddiweddar. Ar yr 21ain o Awst, daeth Connagh yn dad i'w fab bach ei hun, Atlas Dunlavey Howard. Gobeithio y bydd e'n gallu trosglwyddo'r un geiriau iddo yntau hefyd, rywbryd yn y dyfodol.

Ymateb Calonogol

Mae byd y cyfryngau cymdeithasol yn arf pwerus iawn, fel rydych chi'n llawn ymwybodol, dw i'n siŵr. Ces i fy syfrdanu gan y sylwadau cadarnhaol a ges i gan y gymuned Gymraeg, a thu hwnt. Daeth pobl hyd yn oed ata i'n y stryd i'n llongyfarch i ar y ddwy gyfres.

Ar Fawrth 23ain 2023, ces i wahoddiad gan S4C i wylio Cymru yn erbyn Latfia yn Stadiwm Principality. Alla i ddim dechrau disgrifio sut ro'n i'n teimlo pan ddywedodd aelodau S4C wrtha i cymaint y gwnaethon nhw fwynhau'r gyfres ddiwethaf. Roedden nhw wir yn edmygu'r cariad amlwg a ddangoswyd rhwng tad a mab.

Dw i'n dal i gofio fy ffrindiau yn y gwaith dur yn dweud bod dysgu Cymraeg yn wastraff amser; yn ffodus, wnes i ddim gwrando arnyn nhw. Dyma fi nawr yn eistedd o flaen fy nghyfrifiadur yn ysgrifennu fy nghofiant yn yr iaith Gymraeg, ac yn rhestru'r cyfleoedd da sy wedi dod i'm rhan i oherwydd medru'r iaith. Rydw i, ac mi fydda i, yn dragwyddol ddiolchgar am bopeth mae'r Gymraeg wedi'i roi i mi... Y cyfle i deithio ac ymweld â gwahanol leoedd gyda fy mab, a'n helpodd ni i dyfu'n agosach at ein gilydd; y bobl gynnes a diddorol dw i wedi cwrdd â nhw; y gefnogaeth a'r anogaeth a ges i wrth ddysgu'r Gymraeg.

Oni bai am y Gymraeg, byddwn i wedi treulio gweddill f'oes yn y gwaith dur; yn gwneud yr un swydd, flwyddyn ar ôl blwyddyn, am lai a llai o arian. Rhoddodd y Gymraeg addysg dda i 'mhlant, ac oherwydd i mi ddod yn athro Cymraeg, ro'n i'n gallu eu helpu nhw gyda'u gwaith cartref hefyd. Diolch i'r Gymraeg, mae Connagh ac Elinor wedi cael y cyfle i ddefnyddio'u hiaith ar y teledu hefyd.

Fel y gwyddoch chi, *"Brother, you are much better than you think you are,"* oedd geiriau fy mrawd Mark wrtha i. Diolch i'r Gymraeg, daeth ei eiriau'n wir.

Hunaniaeth, Hynafiaeth a Gwreiddiau

ANNWYL DDARLLENWYR, DW i newydd ddychwelyd o wyliau deg diwrnod ym Mauritius gyda Lynda a'n ffrindiau Mark a Julie. Tra ro'n i yno, roedd gen i ddiddordeb mawr mewn darganfod hanes a diwylliant yr ynys fechan hon yng Nghefnfor yr India. Felly, es i i Safle Treftadaeth y Byd Aapravasi Ghat. Mae'r Aapravasi Ghat – gweddillion depo mewnfudo a adeiladwyd yn 1849 – wedi'i leoli ym Mhort Louis, prifddinas Mauritius, lle y cychwynnodd y system llafur ymrwymedig *(indentured labour)*.

Ar ôl diddymu caethwasiaeth yn y trefedigaethau Prydeinig yn 1883, dewisodd y Llywodraeth Brydeinig Mauritius fel y safle cyntaf ar gyfer yr hyn a alwyd yn 'Yr Arbrawf Mawr'. Roedd hyn yn golygu defnyddio llafur ymrwymedig, i gymryd lle caethwasiaeth. Roedd y system hon yn cynnwys recriwtio gweithlu dan gontract. Arweiniodd llwyddiant y system newydd at bwerau trefedigaethol eraill yn ei mabwysiadu o 1883 ymlaen. Ar yr wyneb, roedd pethau'n edrych yn dda, ond fe ddes i i wybod yn ddiweddarach bod llafurwyr yn cael eu twyllo i arwyddo'r cytundeb – gan fod y lle'n cael ei bortreadu fel 'gwlad yn llifeirio o laeth a mêl'. Yn bersonol, dw i'n dal i feddwl mai system gaethwasiaeth oedd hi, ond o dan enw gwahanol.

Rhwng 1834 a 1920 cyrhaeddodd llafurwyr ymrwymedig o Dsieina, Y Comoros, India, Madagascar, Mozambique, de-ddwyrain Asia ac Iemen. Roedden nhw'n dod i weithio ar blanhigfeydd cansen siwgr ym Mauritius, neu i gael eu trawsgludo i rannau eraill o'r byd fel Ynys Réunion, de-dwyrain Affrica neu wledydd Caribïaidd. Mae gorffennol Mauritius yn creu darlun annymunol iawn. Wrth i mi grwydro'r ynys, roedd yn anhygoel gweld cymaint o wahanol liwiau croen. Dywedwyd wrtha i nad oedd hiliaeth yn bodoli ym Mauritius, oherwydd, "Sut gallai fod? Mae'r ynys mor aml-ddiwylliannol ac amrywiol."

Tybed a ydych chi'n meddwl y gallai'r Deyrnas Unedig ddysgu oddi wrth yr ynys fechan hon yng Nghefnfor yr India? Fel y soniais i, mae Mauritius yn ynys aml-ddiwylliannol iawn ac mae crefyddau yn ffynnu ochr yn ochr. Mae yna eglwysi Cristnogol, mosgiau, temlau Tamil, a themlau Hindŵaidd, gyda rhai bron yng nghysgod ei gilydd. Hoffwn i rannu gyda chi brofiad hyfryd ges i. Roedd hi'n ddiwrnod braf, cynnes a heulog, a phenderfynon ni ymweld â theml Hindŵaidd. Roedd duwiau Hindŵaidd ym mhobman; tynnais i fy sandalau i ffwrdd a mynd i mewn i'r deml i wylio ac i wrando ar lafarganu yr offeiriad. Wrth i mi sefyll yno'n gwrando arnyn nhw, daeth teimlad hyfryd o heddwch, llawenydd a llonyddwch drosof fi – a dechreuais i wylo dagrau o lawenydd. Dydw i ddim yn gwybod o le y daeth y teimlad, ond bydda i'n dragwyddol ddiolchgar amdano.

Fe wnaeth ymweld â'r ganolfan dreftadaeth wneud i mi fyfyrio ar y profiad a ges i gyda Connagh yn Jamaica. Roedd yr hanesydd Elin Tomos wedi dod o hyd i enwau fy hynafiaid wedi eu sgrifennu ar restr caethweision. Teimlad rhyfedd iawn oedd gweld yr enwau ar y rhestr honno. Es i'n eithaf blin pan ddwedwyd wrthym ni fod y caethweision yn cael eu trin fel nwyddau, dim gwell nag anifeiliaid; ac i wneud pethau'n waeth, y bydden nhw'n cael eu categoreiddio yn ôl lliw eu croen, sef *'Mulatoo'* – hil gymysg; *'Creole'* – rhywun a aned yn Jamaica; a *'Sambo'* – du. Pan glywais i'r gair *'Sambo'*, es i'n grac iawn, oherwydd daeth ag atgofion ofnadwy yn ôl o ddyddiau'r ysgol. *"Sambo"* oedd yr enw roedden nhw – y plant gwyn – yn arfer fy ngalw i. I fod yn onest, ie, dicter oedd fy emosiwn cyntaf, ond yna daeth tristwch. Pam? Oherwydd anwybodaeth pobl, ac yn olaf, oherwydd y diffyg dealltwriaeth a goddefgarwch.

Er ei fod yn brofiad poenus i ddysgu am fy hynafiaid, ro'n i'n teimlo ei bod yn bwysig i Connagh ddysgu am ei wreiddiau, ac am ran bwysig o hanes ei gyndadau y gallai ei throsglwyddo i'w fab ac i deulu Howard hefyd. Gwnaeth y ddau brofiad, yn Jamaica ac ym Mauritius, wneud i mi gwestiynu fy hunaniaeth. Dw i'n hil gymysg, hanner du a hanner gwyn; ces i 'ngeni yng Nghymru, ac yn y diwylliant Cymreig rydw i wedi treulio'r rhan fwyaf o 'mywyd. Rydw i wedi cael fy ngalw'n enwau hiliol gan bobl wyn; ond ar yr un pryd, pan es i i'r dociau yn fy ieuenctid, ches i ddim fy nerbyn ganddyn nhwythau chwaith.

Tydy hunaniaeth ddim yn ffactor bwysig yn fy mywyd i'r dyddiau hyn. Ydy, mae'n bwysig gwybod fy hanes a deall ble mae fy ngwreiddiau, ond mae'n llawer pwysicach i mi fod y fersiwn orau ohonof fi fy hun ac i ysbrydoli a charu fy nghyd-ddyn.

Stori Shirley

UN O'R PETHAU dw i wedi'u gwneud ers gorffen gweithio ydy ymweld â menyw o'r enw Shirley, bob wythnos, i gadw cwmni iddi. Pan orffennais i weithio, ro'n i'n dal i fyw ar ruthr, i ddechrau, ac mi gymerodd dri mis i mi ddechrau arafu lawr. Wedyn meddyliais, beth ydw i eisiau 'i wneud nawr? A'r ateb oedd rhoi rhywbeth 'nôl i'r gymuned. Yn y feddygfa, ble byddai Dad yn arfer mynd, fe welais i garden ar y wal yn esbonio cynllun Age Connect; cynllun sy'n cysylltu pobl gyda phobl hŷn, er mwyn rhoi ychydig o gwmnïaeth a help ymarferol iddyn nhw.

Es i i'r Clwb Rotary, i gyfarfod wedi ei drefnu gan Age Connect, ble wnes i gwrdd â Shirley – sy'n saith deg tri ers mis Gorffennaf 2024.

'Wnes i golli 'ngŵr Jeff, gafodd drawiad ar y galon; a buodd fy nghyn-ŵr, tad fy mechgyn, farw o Glefyd Huntington's. Does dim gwellhad o'r cyflwr hwn, ac mae'n cael ei drosglwyddo'n enetig. Buodd Paul, fy mab iengaf, farw oherwydd y clefyd. Un dydd, doedd e ddim yn medru bwrw pêl golff – ac wedyn, sylweddolodd na fedrai gerdded mewn llinell syth. Buodd fyw am bum mlynedd wedi hynny, ddim yn medru cerdded na siarad na bwydo'i hunan, ond roedd e'n gwybod beth oedd yn mynd ymlaen o'i gwmpas.

Mi wnaeth fy mab arall Daniel hefyd gael prawf, a deall

fod ganddo fe'r clefyd hefyd; ond mi laddodd ei hun, drwy neidio oddi ar glogwyn yng ngorllewin Cymru. Bu'n rhaid aros wyth wythnos nes cafodd ei gorff ei ddarganfod ar arfordir Cernyw. Roedd yn rhaid i mi drefnu hers – oedd yn rhyw fath o oergell, oherwydd cyflwr y corff – i'w gario adre. Ar ddiwrnod yr angladd, buodd fy mrawd farw oherwydd trawiad ar y galon; tra bod fy mrawd arall wedi marw o lewcemia ychydig cyn hynny.

Roedd Mam yn dal yn fyw, a hithau'n 92 mlwydd oed. Roedd rhaid i mi gyfleu'r newyddion yma i gyd iddi. O fewn chwe mis, buodd Mam farw hefyd. Felly, ar ôl hynny i gyd, ro'n i'n byw yma ar fy mhen fy hun. Mae gen i nith, ond mae hi'n byw yn Swydd Buckingham – ac mae hi'n gwella ar ôl llawdriniaeth ar y galon. Hi yw'r unig berthynas sy gen i bellach.

Shirley: Ry'n ni gyd yn colli rhywun yn ystod ein bywydau. Colli mam-gu, tad-cu, rhieni... Ond, dy'ch chi ddim yn credu'ch bod chi'n mynd i golli'ch plant. Sut fyddet ti'n teimlo, Wayne, taset ti'n colli dy blant?

Wayne: Fel ti, Shirl – byddwn i'n cael fy ninistrio.

Shirley: Wnes i gwrdd â Wayne, gan ddod 'mlaen gydag e'n syth. Mae e *as good as gold*. Dw i ddim yn medru siarad Cymraeg fel fe, er bod Dad yn arfer siarad yr iaith; ond mi wnaeth e farw pan o'n i'n wyth mlwydd oed, ac o'n i yn Ninbych-y-pysgod – sy ddim yn lle Cymraeg iawn.

Wayne: Ry'n ni wedi cael sawl sgwrs arbennig dros y blynyddoedd, ambell un yn ddwfn iawn, gan drafod colled. Dyma'r drydedd flwyddyn o nabod ein gilydd. Ar y dechrau, roedd ein sgyrsiau ni'n nerfus – wrth i ni ddod i nabod ein gilydd. Ond, o wneud hynny, roedd hi'n bosib agor lan – y naill i'r llall.

Shirley: Does 'run adeg wedi bod ble ry'n ni wedi bod heb bethau i'w dweud a phethau i'w trafod. Hyd yn oed os oedden nhw'n eitha sili. Mae Wayne yn dda iawn gyda jôcs. Mae'n ddyn sbesial. Mae'n medru gwrando, ond hefyd, mae'n deall. Ydych chi wedi bod gyda phobl sy'n gwrando, ond ar ddiwedd y sgwrs, chi'n cael y teimlad nad ydyn nhw wedi'ch deall chi? Wel, mae Wayne yn deall. Mae'n rhaid i mi gyfaddef 'mod i'n dod 'mlaen 'da dynion yn well na chyda menywod – o'dd hynny'n wir yn y gwaith, ac yn y blaen.

Wayne: O'n i ychydig bach yn ddrwgdybus i ddechrau. O'n i'n meddwl, beth fydd y cymdogion yn ei feddwl wrth weld y dyn mawr du, chwe troedfedd 'ma yn troi lan yn nhŷ Shirley?

Shirley: Roedd gan y cymdogion ddiddordeb, dw i'n credu! Dw i ddim yn hiliol o gwbl, felly 'tasen ni heb ddod ymlaen, byddai hynny i wneud â phersonoliaethau yn hytrach na lliw croen, yn sicr. Mae gen i gwmni gofal sy'n galw heibio, ond mae hynny'n ddrud am yr 11 awr yr wythnos maen nhw'n gweithio. Roedd yr anfoneb ddiwethaf, am fis, yn £1200 – sy'n lot; ac maen nhw wedi mynd lan yn ddiweddar. Mae awr yn ystod yr wythnos yn £26; awr dros y penwythnos yn £28; ac ar Ŵyl y Banc, yn £39 yr awr. Mae Wayne yn dod am ddim.

Wayne: Dw i'n credu bod rhai o'r bobl yn yr ardal yn meddwl 'mod i'n *toy-boy* i Shirley.

Shirley: Mae e'n fy neall i. Heb hynny, efallai na fydden ni wedi dod ymlaen cystal. Mae gan y ddau ohonom ni hiwmor i'w rannu. Mae e wastad wedi bod yn garedig, a 'dyw e erioed wedi dweud rhywbeth beirniadol amdana i. Dyna beth dw i'n 'i lico amdano; a dw i'n gobeithio y bydd e'n parhau i ddod, ond wrth gwrs, mae ganddo fe'i fywyd ei hun.

O ble ydw i'n cael fy ysbrydoliaeth?

Yn gyntaf, byddwn i'n dweud fy rhieni; cofiwch iddyn nhw orfod magu wyth o blant, nid tasg hawdd o gwbl. Fel rhieni, fe wnaethon nhw eu gorau i ni, a'n caru ni i gyd hefyd. Caru chi, Mam a Dad.

O ran chwaraeon ymladd, byddwn i'n dweud Bruce Lee. Meddyliwch am yr holl flynyddoedd o ddisgyblaeth ac ymroddiad. Ces i f'ysbrydoli gan Arnold Schwarzenegger, o ran corfflunio, am yr un rhesymau.

Er mwyn fy helpu i i ddeall sut mae fy meddwl a'm hemosiynau'n gweithio, byddai'n rhaid eich cyfeirio at *The Chimp Paradox: The Acclaimed Mind Management Programme to Help You Achieve Success, Confidence and Happiness* gan Yr Athro Steve Peters. Mae'n esbonio'r frwydr sy'n digwydd y tu mewn i chi, ac yna'n dangos i chi sut i gymhwyso'r ddealltwriaeth hon i bob rhan o'ch bywyd.

Mae'r llyfr *The Secret* gan Rhonda Byrne wedi'n helpu fi'n fawr hefyd. Neges y llyfr, yn y bôn ydy hyn: os byddwch chi'n rhannu negyddiaeth, byddwch chi'n denu negyddiaeth; ac os byddwch chi'n rhannu positifrwydd, byddwch chi'n denu positifrwydd. Mae mor syml â hynny.

Cafodd y gerdd *'Our Deepest Fear'* gan Marianne Williamson, am ein hofn dyfnaf, effaith sylweddol arna i. Fe wnaeth y gerdd hon, o'i llyfr *A Return to Love: Reflections on the Principles of "A Course in Miracles"*, fy helpu i i ddisgleirio ac i fod y fersiwn orau ohonof fi fy hun. Dyma'r pennill agoriadol:

> *Our deepest fear is not that we are inadequate.*
> *Our deepest fear is that we are powerful beyond measure.*
> *It is our light, not our darkness*
> *That most frightens us.*

Mae *Biodanza* hefyd wedi trawsnewid fy mywyd i, trwy gysylltu â phobl gariadus ac o'r un anian.

Fel y gwyddoch chi'n barod; ysbrydoliaeth sylweddol, teuluol oedd fy niweddar frawd Mark – pan welodd e fy mhotensial, na wyddwn i amdano.

Diolch i'r Iaith Gymraeg

Fe hoffwn i ddweud diolch o galon i'r holl ddiwtoriaid sydd wedi rhoi'r anrheg hyfryd hon – anrheg y Gymraeg – i mi. Gyda llaw, am ryw reswm, fy hoff air i yn Gymraeg yw 'gwefreiddiol' – yn syml, oherwydd ei fod e'n swnio'n dda.

Yn olaf, hoffwn i ddiolch i mi fy hun. Rhywle, yn ddwfn y tu mewn i mi, ces i'r nerth i oresgyn adfyd ac i barhau â'r daith o ysbrydoli pobl ac i fod y fersiwn orau ohonof fi fy hun.

Pethau Positif Bywyd: Fy Eiliadau Balchaf

- Dod yn dad, wrth gwrs;
- Diwrnod graddio fel athro Cymraeg ail iaith;

- Helpu bachgen bach o'r enw Mason i gredu ynddo'i hun;
- Pan alwodd un o fy myfyrwyr fi yn "ail dad", pan oeddwn i'n gweithio yn ACT fel tiwtor cymorth ychwanegol;
- Cael fy ngwahodd i wneud sioeau teledu a radio yn Gymraeg, yn enwedig gyda fy mab Connagh;
- Derbyn cymeradwyaeth sylweddol yn dilyn fy araith gyntaf yng nghlwb Toastmasters Caerdydd;
- Gwirfoddoli i ddawnsio'r salsa gyda phartner i ddathlu saith deg pum mlwyddiant y *Windrush*.

Mae 'na fwy!

- Ysgrifennu'r llyfr hwn;
- Pan ddes i o hyd i enw Mam yn y llyfr am ddewrder yn Neuadd Carnegie yn yr Alban;
- Dw i'n falch o'r hapusrwydd a roddodd Dad i bobl Caerdydd, a'r gwahoddiad a gafodd i Neuadd y Ddinas i dderbyn gwobr 'Oedolyn y Flwyddyn'.
- Cael ymweld â fy ffrind Shirley bob wythnos;
- Cael fy ngwahodd i ysgol gynradd fy mhlant i ysbrydoli'r rhieni a'u plant am bwysigrwydd dysgu Cymraeg.
- Bod yn dad bedydd i Luis.
- Diddanu'r henoed mewn cartrefi preswyl.
- Annog fy nghydweithwyr i ddawnsio yn ystod sesiwn bositifrwydd.
- Ysbrydoli'r oedolion ifanc wrth eu gwaith, trwy fod yn esiampl dda, a rhoi hunan-barch iddyn nhw hefyd.
- Siarad Sbaeneg gyda fy nheulu yng Ngholombia.
- Rhoi dosbarth *Biodanza* i'r Colombiaid, a gweld y llawenydd mawr oedd yn dawnsio ar eu hwynebau.

Hunangofiant Dyn Positif

Annwyl ddarllenwyr, dw i'n gobeithio'n ddiffuant eich bod chi wedi mwynhau'r llyfr 'ma. Gobeithio iddo fe fod yn ddiddorol ac yn ddifyr; a'i fod wedi procio'ch meddwl ac wedi'ch ysbrydoli. Mae'r gair olaf 'na – 'ysbrydoli' – yn bwysig iawn i mi. Pan ddaw fy amser i i gau fy llygaid am y tro olaf, dw i am deimlo 'mod wedi gwneud gwahaniaeth positif i fywyd rhywun.

Annwyl ddarllenwyr, edrychwch am y lle arbennig hwnnw sy o fewn pob un ohonom ni. Ceisiwch fod y fersiwn orau ohonoch chi'ch hun, a disgleiriwch.

Diolch o galon,
Wayne.

The Dragon Within

Curled in the pit of your belly
And running along the length of your spine,
Lives a creature of myth and legend;
Fire is its sign.

It has been waiting patiently, longingly
And now is the time.

Feel your inner fire,
Feel it in your veins,
This is the moment of your transformation.
The life you knew before will never be the same.

The pain and itch in the middle of your back
Are the birth pains of your new wings,
Now is the time,
You will no longer be held back.

Feel them stretch, feel them unfurl,
Feel them reach out,
Connecting with the energy of the world.

Feel the energy within you begin to pulse and writhe.
Feel the power that runs deep into your strong thighs.

Coil yourself, coil yourself,
Feel the fire inside,
Release it now
And launch yourself into the sky.

Wayne Howard

Draig y Dwfn

Yn gwingo, fel baban mewn croth;
O bwll dy galon, hyd dy asgwrn cefn –
Mae creadur o hud a lledrith
yn galw drachefn.

'Rôl hir ymaros, 'rôl disgwyl yn dawel,
Mae'n gweld y gorwel.

Teimla'r tân yn dy fol,
Y wefr drydanol.
Dyma ddeffro'r diwygiad trawsffurfiol;
Ffarwelio heddiw â'r hen orffennol.

Drwy'r boen a'r gosfa ynghanol dy gefn,
Daw esgyll newydd i dyfu,
Fe ddaw y dydd
Pan na fydd dim yn d'arafu.

Teimla nhw'n prysur ledu,
Yn ymestyn;
Yn cyffwrdd ag egni'r byd, yn ehangu.

Teimla'r egni yn dy grombil yn dechrau dirgrynu;
Y grym yn dy gluniau, nad yw'n llonyddu.

Bydd barod, bydd barod,
Mae'r sgrifen ar y mur;
Hed di yn awr,
Hed fel aderyn drwy'r awyr.

(addasiad Cymraeg gan Cedron Sion)

Hefyd gan Y Lolfa:

£40
(clawr caled)

£11.99

£14.99

£7.99